Convivencias, malvivencias y diálogos (im)posibles

SPRACHEN, GESELLSCHAFTEN UND KULTUREN
IN LATEINAMERIKA

LENGUAS, SOCIEDADES Y CULTURAS
EN LATINOAMÉRICA

Gegründet von Kerstin Störl und Germán de Granda (†)
Herausgegeben von Kerstin Störl und Rodolfo Cerrón-Palomino

Band 17

PETER LANG

Hans Fernández (ed.)

Convivencias, malvivencias y diálogos (im)posibles.

Literaturas indígenas de Sudamérica e Isla de Pascua

PETER LANG

Bibliografische Information der Deutschen Nationalbibliothek
Die Deutsche Nationalbibliothek verzeichnet diese Publikation in der Deutschen Nationalbibliografie; detaillierte bibliografische Daten sind im Internet über http://dnb.d-nb.de abrufbar.

Publiziert mit Unterstützung der Universität Graz /
Publicación financiada por la Universidad de Graz

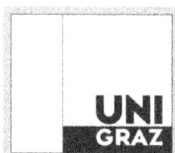

Die Titelillustration *Rhythmen des Tinkus* (2018) wurde von Laura Clarissa Pestemer für diese Publikation erstellt. Der Begriff *Tinku* bedeutet auf Quechua „Begegnung" und stellt eine Tradition der andinen Gemeinden Boliviens dar, die sich im Dorf Macha versammeln um nach Alkoholgenuss miteinander zu kämpfen und mit ihrem Blut der Pachamama ein Opfer darzubringen. Ebenso steht *Tinku* für einen traditionellen Tanz. / La ilustración de portada *Ritmos del Tinku* (2018) fue realizada por Laura Clarissa Pestemer para esta publicación. El concepto de *tinku* significa "encuentro" en quechua y constituye una tradición en la cual comunidades andinas de Bolivia se reúnen en el pueblo de Macha y tras haber ingerido alcohol se agreden para con la sangre de alguno de los contrincantes ofrendar a la Pachamama. *Tinku* representa también un baile tradicional.

ISSN 1617-8416
ISBN 978-3-631-77097-9 (Print)
E-ISBN 978-3-631-77098-3 (E-PDF)
E-ISBN 978-3-631-77099-6 (EPUB)
E-ISBN 978-3-631-77100-6 (MOBI)
DOI 10.3726/b14789

© Peter Lang GmbH
Internationaler Verlag der Wissenschaften
Berlin 2018
Alle Rechte vorbehalten.

Peter Lang – Berlin · Bern · Bruxelles · New York ·
Oxford · Warszawa · Wien

www.peterlang.com

Der vorliegende Sammelband wurde begutachtet /
El presente volumen fue evaluado para su publicación

Índice

Agradecimientos

El editor agradece a la Prof. Dr. Claudia Hammerschmidt (Friedrich-Schiller-Universität Jena) por la organización del Congreso IILI 2016 en torno al cual se gestó el presente volumen, a la Prof. Dr. Kerstin Störl (Universität Wien) la acogida del texto en su colección y la permanente asesoría brindada, así como al Prof. Dr. Ottmar Ette (Universität Potsdam) y al Prof. Dr. Hans-Otto Dill (Humboldt-Universität zu Berlin) por los inspiradores estímulos recibidos a través de sus obras.

Hans Fernández

¿Demonios felices e idiorritmos americanos?

"Yo no soy un aculturado; yo soy un peruano que orgullosamente, como un demonio feliz habla en cristiano y en indio, en español y en quechua". Con estas palabras de un tono solemne y dramático el novelista, etnólogo y quechuista José María Arguedas expresó en 1968 con motivo de la recepción del Premio Inca Garcilaso de la Vega[1] la desgarradora condición del mestizo en el contexto de la sociedad peruana, y al mismo tiempo manifestó en ellas el deseo de una convivencia feliz y no dolorosa. En tal posicionamiento Arguedas afirma haber resistido la aculturación, es decir, no sólo abogó por una interacción sin jerarquías de los mundos mutuamente excluyentes a los que pertenecía, sino también vivió en carne propia esta cruda contradicción existencial.

La figura de José María Arguedas no sólo representa —como se ha transformado en un lugar común— la tragedia del mestizo, sino sobre todo el anhelo de amplios sectores latinoamericanos de vivir en sociedades desjerarquizadas étnicamente y lograr conciliar culturas en conflicto, el que precisamente alegorizan sus zorros de arriba y de abajo. No en último lugar, el *dictum* vital arguediano condensa un pensamiento basado en una vida y estetizado en una obra sobre las posibilidades, límites y visiones de la convivencia cultural latinoamericana en paz y diferencia.

Desde el contexto de las literaturas europeas, el polígrafo y semiótico francés Roland Barthes escribió en *Comment vivre ensemble* (2002) acerca de la existencia de monasterios en los cuales los monjes podían vivir a su propio ritmo y al mismo tiempo pertenecer a la estructura religiosa. En su cavilar sobre 'cómo vivir juntos', Barthes señaló que en el monte griego Athos existieron los conventos cenobíticos y los denominó "aglomerados idiorrítmicos", ya que en ellos cada religioso tenía su propio ritmo (*idios*: propio, particular; *rhuthmos*: ritmo)[2]. Este es el "fantasma" que el autor de *Le plaisir du texte* explora en novelas que escenifican formas especiales de convivencia, tales como *Robinson Crusoe* (1719) de

---

1   Arguedas [1971] 1997: 257.
2   Barthes 2002: 36–39.

Daniel Defoe, *La Séquestrée de Poitiers* (1930) de André Gide y *Der Zauberberg* (1924) de Thomas Mann, entre otras[3].

Una reflexión acerca del respeto por los ritmos particulares de vida ("idiorritmos") y por las "distancias adecuadas" —otro de los conceptos claves de *Comment vivre ensemble*— entre éstos así como por los "saberes de convivencia" y por "formas y normas de ésta" (Ette 2010) se encuentra contenida en la clamorosa declaración de equilibrio cultural —y psíquico— de José María Arguedas. Un demonio feliz que habría superado la doble exclusión y en el cual habrían coexistido e interactuado en paz y diferencia los ritmos indios y cristianos (lo propio y lo ajeno que cuesta hacer propio) representó una utopía que pareciera haberse derrumbado tristemente a sólo un año tras su proclamación.

No sólo en lo religioso tiene sentido la afirmación del autor de *Los ríos profundos*, sino también en el plano del enfrentamiento que para el contexto latinoamericano significó la relación entre oralidad y escritura desde la llegada de los europeos a tierras americanas. Martin Lienhard en *La voz y su huella* ([1990] 2011) ha hecho hincapié en que la conquista de América constituyó esencialmente una conquista escritural, ya que la implantación del sistema alfabético europeo subalternizó los sistemas de comunicación nativos no alfabéticos con bases en la oralidad. Por lo tanto, el ritmo europeo no sólo se impuso agresivamente sobre el americano en cuanto a lo cosmovisivo, sino igualmente en la esfera comunicativa. Según Lienhard, grandes sistemas cognoscitivos de matriz oral fueron destruidos y la violencia de la escritura se manifestó incluso más allá de lo macroestructural cuando nativos y secuestrados de África eran literalmente marcados con letras de fuego[4]. Asimismo el investigador suizo denominó "literaturas escritas alternativas" a aquéllas producidas por miembros de estas grandes colectividades americanas otrorizadas que, resulta claro, se oponen y forman la otra cara de las literaturas nacionales criollas surgidas con el nacimiento de los estados nacionales latinoamericanos durante el siglo XIX y en el marco de un pensamiento ilustrado.

---

3 El *corpus* de Barthes se podría enriquecer considerando el canon latinoamericano en el que se encuentran novelas que escenifican convivencias muy diferentes, tales como *Macunaíma* (1928) de Mário de Andrade, *Pedro Páramo* (1955) de Juan Rulfo o *Cien años de soledad* (1967) de Gabriel García Márquez, por sólo mencionar las más conocidas.

4 Lienhard [1990] 2011: 48–51. La conflictividad entre oralidad y escritura también ha sido estudiada y discutida por Antonio Cornejo Polar (1994) y Ángel Rama ([1982] 2004).

La literatura neoindigenista de escritores que magistralmente ficcionalizaron la oralidad y los universos culturales indígenas tales como José María Arguedas, Augusto Roa Bastos o Miguel Ángel Asturias es representativa de las "literaturas escritas alternativas". Estos autores ponen en escena y funcionalizan estéticamente la diversidad idiomática del continente: Arguedas mediante el uso del castellano andino y del quechua, Roa Bastos a través del español paraguayo, del yopará y del guaraní, y Asturias mediante el empleo de léxico y calcos sintácticos de las lenguas mayas en el español, conciencia lingüística que plasma en términos estéticos la convivencia entre los idiomas europeos de colonización y las lenguas vernáculas americanas desplazadas. Por lo demás, no sólo novelas de estos autores como *El zorro de arriba y el zorro de abajo* (1971) (y su intertextualidad con *Dioses y hombres de Huarochirí*), *Hijo de hombre* (1960) u *Hombres de maíz* (1949) (y la intertextualidad con el *Popol Vuh*), sino también la lírica de poetas mapuches como Leonel Lienlaf y Elicura Chihuailaf —que han contribuido a este segmento de las literaturas americanas mediante textos bilingües en español mapuchizado y en mapudungun— representan la gozosa vitalidad de una literatura escrita en español americano "indigenizado" resultado de largos contactos culturales y lingüísticos que se ha desarrollado de manera paralela a las literaturas de los criollos y sus descendientes americanos.

Los "idiorritmos americanos" constituirían, pues, convivencias en equilibrio, en paz y diferencia mediante una distancia adecuada entre el mundo autóctono del continente (llamado tras los procesos de colonización, evangelización y consiguiente subalternización "indígena" o "indio") y el mundo colonizador europeo (y de sus descendientes). La "idiorritmia" americana —o el fantasma de ésta— se encuentra presente en el sueño del autor nacido en Andahuaylas que en 1969 se quitaría la vida en la Universidad Agraria de Lima, quien por medio de una condensada voz polifónica americana afirmaba haber puesto fin al conflicto iniciado cuando los europeos arribaron a las Antillas. Arguedas ha sido una de las voces andinas y americanas que con mayor intensidad —y visibilidad en la historia de *la literatura* denominada en un afán reduccionista y domesticador *latinoamericana*— ha expresado la fricción de los ritmos autóctonos y ajenos que chirrían en busca de equilibrio, roce que Barthes en otro contexto denominó "heterorritmia"[5].

---

5   Barthes 2002: 40. Una nota a pie de página agrega: "[Précision de Barthes à l'oral: « C'est en mettant ensemble deux rythmes différents que l'on crée de profondes disturbances. »]" Barthes 2002: 40.

Bobi (el niño con patas de perro protagonista de la novela homónima de Carlos Droguett rechazado de igual forma por canes y humanos), Anton Wilhelm Amo (primer filósofo africano en Europa secuestrado durante su infancia por esclavistas holandeses que durante su vida resultaba ajeno a europeos y africanos) o Pascual Coña (uno de los primeros mapuches chilenizados educado por capuchinos italianos que, rechazado de igual forma por mapuches y chilenos, al final de sus días se arrimó con los capuchinos alemanes en quienes encontró el lugar de la amistad) constituyen subjetividades representativas de la doble exclusión que han sufrido los hombres que han convivido entre dos culturas en situación de conflicto, cuyos contactos los han forzados a llevar una vida híbrida desequilibrada y que provocan la desconfianza de unos y otros, esencialmente a causa de la condición de vivir siendo siempre harina de otro costal.

Las literaturas indígenas poetizan —y contienen visiones de— el desgarro de subjetividades marcadas por interacciones asimétricas y por resistencias a la asimilación. Dichas literaturas además de ficcionalizar idiorritmos americanos que se viven con dolor y convivencias excluyentes que hacen sangrar el alma, también surgen en contextos de producción determinados por tales características, por lo que poseen rasgos testimoniales.

Las representaciones literarias de las sociedades indígenas de América Latina constituyen uno de los campos más investigados de las literaturas latinoamericanas y cuenta, por consiguiente, con un considerable número de enfoques teóricos. Las contribuciones del presente volumen reflexionan en torno a las escenificaciones discursivas de diferentes formas de convivencia, encuentros, encontrones y desencuentros entre las sociedades autóctonas del continente y los grupos hegemónicos así como también en torno a la forma en que el poder político de dichas ficcionalizaciones contribuye a la reafirmación identitaria de las culturas indígenas. En el espíritu de un latinoamericanismo integrador el volumen constituye un acercamiento interdisciplinario desde la investigación literaria, histórica y lingüística a Sudamérica y su extensión a la Isla de Pascua.

Elisabeth Baldauf-Sommerbauer investiga las propuestas de convivencia desplegadas en un *corpus* de poesía escrita por hombres y mujeres mapuches. A través de un análisis ecocrítico de sus poemas analiza la representación y funcionalización estética de la naturaleza no humana. El diálogo que escenifican los poemas, los saberes de vida y de convivencia que contienen y el potencial político de la lírica mapuche en aras del diálogo intercultural con la sociedad chilena representan el centro de sus cavilaciones.

Alejandro Cárcamo Mansilla se centra en prácticas textuales que la sociedad mapuche-williche ha elaborado desde el siglo XIX al XXI mediante las cuales aspira a un diálogo horizontal con el grupo hegemónico de los chilenos con el fin de conseguir una coexistencia sin jerarquías. El autor plantea que estos textos tienen en común no sólo el deseo de intervenir en el espacio público, sino también de contribuir a que la sociedad mapuche supere la subalternidad a la que el estado y la oligarquía de Chile la han condenado y a que consiga la autonomía.

Hans Fernández estudia la figura del capuchino Sebastián Englert y su obra *Tradiciones de la Isla de Pascua*, texto que recopila literatura oral autóctona de la isla polinésica perteneciente a Chile desde 1888 y que surgió en el marco de las investigaciones filológicas que en este lugar llevó a cabo el monje oriundo de Baviera. Según la argumentación del artículo, el movimiento constituye un factor fundamental no sólo para la obra científica del reverendo, sino también para la de la misión capuchina asentada en territorio chileno que alcanza su cénit a través de esta publicación de 1939.

Scott DeVries analiza desde la perspectiva fauna-crítica las representaciones animales y sus implicancias éticas en el indigenismo hispanoamericano. Su estudio se centra en las novelas *Raza de bronce* (1919) y *Los perros hambrientos* (1939) de Alcides Arguedas y Ciro Alegría, correspondientemente, y postula de manera convincente que estas obras funcionalizan a cerdos y perros no sólo para expresar el sufrimiento animal y una crítica al sistema del latifundio andino, sino que también la segunda de ellas posibilita percibir la focalización narrativa del punto de vista canino y, por consiguiente, la subjetividad animal.

Carla Sagástegui reflexiona en torno a los problemas de comunicación intercultural asociados a la filmación de un documental sobre el ritual de la limpia de acequias en la comunidad peruana de Sacsamarca y se refiere a las dificultades surgidas al negociar los sentidos de la producción de un discurso fílmico acerca del ritual entre comuneros y universitarios, proyecto de intención antropológica y testimonial que recuerda los desafíos del cine andino de Luis Figueroa y de Jorge Sanjinés.

Sisinio Hernán Aguilar estudia en el marco del género de la literatura religiosa en lengua quechua el poco conocido devocionario *Kichua shímichu Diosnínzicta mañánapac* ("Para rogar a Dios en quechua") atribuido al redentorista ecuatoriano Juan Gualberto Lobato y publicado en 1891 en Suiza. El investigador además de contextualizar lingüísticamente el texto, presenta algunas de sus particularidades idiomáticas y de traducción (p. e. del "Padre Nuestro"). Este tipo de literatura es representativo de las políticas lingüísticas ejercidas por la Iglesia en los Andes en aras de someter a la población autóctona vertiendo conceptos del cristianismo en sus idiomas.

Las presentes contribuciones son el resultado de una sección transversal que tuvo lugar en el marco de la celebración en julio de 2016 del XLI Congreso IILI organizado por la catedrática Claudia Hammerschmidt en la

Friedrich-Schiller-Universität de Jena en la cual se reflexionó en torno a las posibilidades de convivencia de las culturas indígenas que interactúan de manera asimétrica con el mundo hispanohablante en la región americana. Los artículos aquí reunidos exploran de una u otra forma la relación conflictiva de las sociedades indígenas en sus contextos respectivos con los grupos dominantes criollo-europeos, específicamente situaciones problemáticas de convivencia, malvivencia y de diálogos (im)posibles.

Bibliografía

Arguedas, José María ([1971] 1997): El zorro de arriba y el zorro de abajo. Madrid/París/México/Buenos Aires/São Paulo/Lima/Guatemala/San José de Costa Rica/Santiago de Chile: ALLCA XX/Colección Archivos. Edición crítica de Eve-Marie Fell (coordinadora).

Barthes, Roland (2002): Comment vivre ensemble. Simulations romanesques de quelques espaces quotidiens. Paris: Seuil/IMEC. Notes de cours et de séminaires au Collège de France, 1976–1977. Texte établi, annoté et présenté par Claude Coste.

Cornejo Polar, Antonio (1994): Escribir en el aire. Ensayo sobre la heterogeneidad socio-cultural en las literaturas andinas. Lima: Editorial Horizonte.

Ette, Ottmar (2010): ZusammenLebensWissen. List, Last und Lust literarischer Konvivenz im globalen Maßstab (ÜberLebenswissen III). Berlin: Kulturverlag Kadmos.

Lienhard, Martin ([1990] 2011): La voz y su huella. Escritura y conflicto étnico-cultural en América Latina, 1492–1988. La Habana: Fondo Editorial Casa de las Américas.

Rama, Ángel ([1982] 2004): Transculturación narrativa en América Latina, México D.F.: Siglo XXI Editores.

Elisabeth Baldauf-Sommerbauer

Dialogando con una naturaleza dialogante: reflexiones ecocríticas sobre convivencia en la poesía mapuche actual

"Lamento de una raza"
En las hojas muertas
y los árboles caídos,
descansa la raíz de mi pueblo
el dolor aún lo trae el viento
de aquellos que a golpes
fueron sometidos.

El huinca escupía fuego,
mis ancestros casi extinguidos.
La Manuelita y José el pequeño
junto al fogón de la Ruka
dejaban oír su ruego.

Pregúntale a la Araucaria
¿cuál era el pecado de mi raza?

Ser los dueños de esta tierra libre
y no animales de caza.
Lloraron,
hasta quedar sin lágrimas
los árboles perdidos.

[...]

Cada 12 de octubre
lloran las avecillas.
El maki se vistió de luto
y la mapu madre
revuelve su vientre,
para abrigar y no olvidar,
el dolor y la afrenta
de sus hijos perdidos[1].

---

1 María Elisa Huinao cit. en Falabella et al. 2009: 92–93.

Abstract: Contemporary Mapuche poetry depicts ancestral nature as lost, suffering, contested or remote due to forced displacement from traditional territories. In this article we argue that the selected poems feature and enable encounters with ancestral territories and traditions via dialogues in between, with and through the various elements of nature, and that they thus encourage (inter)cultural dialogues.

1 Introducción

La convivencia constituye una cuestión urgente para los seres humanos, sobre todo en contextos de conflictividad. Desde una perspectiva ecocrítica, y como se aprecia en el poema arriba citado de María Elisa Huinao, la preocupación por la convivencia no sólo aborda la convivencia entre seres humanos, sino también entre éstos y la naturaleza no humana. Tal situación se refleja frecuentemente en la poesía mapuche, la que nos proporciona múltiples percepciones de esta cultura sobre las consecuencias para su pueblo, flora y fauna derivadas del encuentro entre ella y los españoles en el actual Chile.

La naturaleza no humana representa un tema recurrente en la poesía mapuche. En muchos casos, los poemas muestran una "naturaleza herida", una "naturaleza en peligro" o la "desconexión forzada de la naturaleza". Estas formulaciones no sorprenden si se considera, por un lado, la relación —que repetitivamente se califica como— "especial" de los mapuche ("gente de la tierra") con la tierra[2], y, por otro lado, la usurpación de grandes partes del territorio mapuche ancestral, el desplazamiento forzado y el uso explotador y destructivo de las tierras por parte de empresas nacionales y transnacionales. Por lo tanto, en el contexto de este artículo enfocar la convivencia implica considerar por lo menos tres sectores: el pueblo mapuche, los huincas (los no mapuche) y la naturaleza no humana. Está claro que esta consideración es una visión simplificada, dado que los límites entre los tres sectores —según la cosmovisión y la perspectiva que se tome— pueden ser permeables o difuminados. Además, hay que tomar en cuenta que las necesidades, opiniones y demandas respectivas son heterogéneas también dentro del pueblo mapuche[3] y dentro del sector no mapuche. Como veremos más adelante en los poemas de David Aniñir Guilitraro, no se trata tanto de una cuestión de convivencia entre mapuche y no mapuche, sino más bien de la convivencia y sobrevivencia —en primer lugar, desde la perspectiva de

---

2 *Cf.* Casals Hill 2016, Ostria González 2016.
3 *Cf.* Pineda 2012: 140, 145.

los mapuche— en un mundo capitalista y neoliberal que transforma la naturaleza no humana en un entorno explotado y hostil, mientras que la tan apreciada y casi fetichizada naturaleza del sur de Chile se torna lejana tanto en términos espaciales como temporales.

En este artículo se explora de qué manera la poesía mapuche posibilita encuentros y reencuentros con la naturaleza perdida y/o lejana mediante diálogos entre, con y a través de los diversos elementos de la naturaleza. El *corpus* de investigación contiene poemas de diez escritoras y escritores que se autodenominan y/o que son denominados "mapuche". Todos viven en Chile, seis de ellos en el así llamado "territorio ancestral" y cuatro en Santiago. Los poemas están escritos en español o en doble registro (mapudungun y español), y en ocasiones emplean el "collage etnolingüístico" que consiste en mezclar oraciones en español y en mapudungun. Además, comentaremos las formas del saber vivir, convivir y sobrevivir (en el sentido señalado por Ottmar Ette 2004, 2010) que los poemas proporcionan a los lectores mediante dichos diálogos. Por último, discutiremos el poder o, más exactamente, el *potencial* político de dichos poemas así como el "valor agregado" que probablemente tengan debido a la integración de la cosmovisión indígena en comparación con poemas de la sociedad hegemónica occidental.

2 Una mirada ecocrítica a los "poemas dialogantes/ dialogando"

El presente artículo investiga mediante poemas mapuche representaciones literarias de las implicaciones ambientales de la convivencia entre mapuche y no mapuche. Tal convivencia se basa en una relación asimétrica en la que el grupo hegemónico (los huincas chilenos) regulan en mayor parte la convivencia del ser humano con la naturaleza no humana. El uso de los recursos naturales y la consiguiente transformación de los paisajes y espacios vitales representarían un ámbito en el cual se manifiesta dicha regulación.

En el entendido de que en el marco de una convivencia forzada y asimétrica siempre existen y existirán conflictos[4], resulta claro que para conseguir que ésta sea más bien constructiva y justa se requiere no sólo una disposición a enfrentarlos, sino sobre todo una mejor capacidad de solucionarlos. En este sentido, nuestro enfoque principal se centra en la función e importancia que desempeñan los

---

4 *Cf.* Sommer/Welzer 2014: 48–49.

diálogos en cuanto instancias intersubjetivas que posibilitan superar situaciones de convivencia conflictiva.

2.1 Diálogos

Para los fines del presente artículo entenderemos por "diálogo" una comunicación entre dos o más participantes en la que ellos "alternativamente manifiestan sus ideas o afectos"[5]. A diferencia del uso común del término "diálogo", consideramos "participantes" no sólo a personas, sino también a todos los elementos de la naturaleza no humana (desde animales y plantas hasta agua, viento y piedras), y además incluimos a seres muertos como los antepasados o los árboles cortados.

Mabel García Barrera (2008) diagnostica para el actual discurso poético mapuche una importante dimensión dialógica e intercultural. En este marco se refiere a una función epistemológica y performativa de los poemas, ya que, según ella, los poemas sirven "de apoyo para reflexionar y visibilizar la unidad o cohesión cultural"[6] y representan una forma de reivindicación y resistencia cultural[7]. De este modo, vemos que la poesía mapuche crea un espacio de comunicación intra e intercultural y al mismo tiempo un espacio de encuentro e interacción[8] para seres humanos y la naturaleza no humana. Estos rasgos ya indican que la comunicación dialógica de los poemas puede ocurrir a diferentes niveles y entre diferentes "participantes", término que preferimos al de "interlocutor" dado que en los poemas la forma de comunicación no siempre es oral e inmediata.

A continuación, mediante el análisis de algunos poemas mapuche se ilustran diferentes escenificaciones de diálogos.

"Naturaleza" de Eliana Pulquillanca ([2009] 2011) muestra el requerimiento del sujeto lírico a la naturaleza para establecer un diálogo y comentarle su dolor causado por el devastador progreso con el fin de defenderla. La imagen de una naturaleza en diálogo está reforzada mediante la alusión a los pájaros que dialogan en el siguiente verso: "¿Cuéntame, quedan pájaros en los bosques dialogando?"[9]. Su posible extinción implica que la destrucción ambiental conlleva un silencio que equivale a la muerte. La deseada salvación de su voz —de su música— simboliza la anhelada salvación de toda la naturaleza.

---

5   Real Academia Española s.a.
6   García Barrera 2008: 31.
7   *Cf.* García Barrera 2008: 30.
8   *Ibid.* 56.
9   Pulquillanca [2009] 2011.

En "Sueño azul"[10] de Elicura Chihuailaf el hablante lírico nos cuenta de lo que le contó su abuela: "historias de árboles / y piedras que dialogan entre sí, con los / animales y con la gente"[11]. La abuela le advierte sobre la importancia de poder interpretar los signos de estos elementos de la naturaleza no humana. A su vez, en "Los cantos de José Loi"[12] de Graciela Huinao encontramos una situación similar: el padre enseña al yo lírico "a descifrar / los cantos de la montaña / a comunicar[se] / con los pájaros / en su idioma infinito / y a entender el mensaje del viento"[13].

El poema "Neüman"[14] de Jeanette del Carmen Huequeman no se refiere a la necesidad de poder entender a la naturaleza, sino más bien a la disposición a hacerlo. En el trasfondo del texto se encuentra la lucha de los hombres por la tierra. El hablante lírico se dirige a la madre tierra (y al padre sol) lamentando esta pelea que la hace llorar. Se dirige también al "hermano" para advertirle de su conducta defectuosa. Según el yo lírico, la solución se encuentra en tener "oídos dispuestos a escuchar"[15] a la madre tierra.

En "Palabras dichas" de Leonel Lienlaf[16] el yo poético está dispuesto a escuchar a la naturaleza que le está hablando y, al parecer, entiende lo que le dice. Sin embargo, se percibe un problema de comunicación entre éstos: "'Es otra tu palabra' / [le] habló el copihue / [le] habló la tierra"[17], a partir de lo cual surge entonces la pregunta: ¿a qué se debe el uso de lenguajes diferentes y qué implica tal diferencia? Sea la interpretación que sea, se puede señalar que la comunicación y la naturaleza constituyen los ejes de este poema.

En "Adkintun"[18] de María Isabel Lara Millapan el yo lírico se comunica con sus antepasados a través del viento. Les ruega que hablen "de la sabiduría de la tierra"[19] y busca una mejor comprensión de la naturaleza, la que parece haber desaparecido. Lo interesante es que para el yo poético esta mejor comprensión de la naturaleza se encuentra conectada con la identidad mapuche, ya que ayuda

---

10 Cit. en Vicuña 1998: 42–48.
11 Chihuailaf cit. en Vicuña 1998: 42.
12 Cit. en Vicuña 1998: 130.
13 Huinao cit. en Vicuña 1998: 130.
14 Cit. en Falabella et al. 2009: 53.
15 Mora Curriao 2009: 179.
16 1989: 57.
17 Lienlaf 1989: 57.
18 Cit. en Falabella et al. 2006: 45.
19 Lara Millapan cit. en Falabella et al. 2006: 45.

a "tejer el telar [del] rostro mapuche"[20]. A su vez, "Kintu"[21], también de Lara Millapan, implica que la confusión acerca de la propia identidad cultural del hablante lírico y de la poeta tiene un origen en la lejanía de la naturaleza en general y del territorio ancestral en particular. Mientras que en "Identidad"[22], de la misma autora, el sujeto lírico anhela la vuelta a su tierra y a su gente para lo cual —del mismo modo que en su poema "Somos Mapuche"[23]— los sueños parecen representar el medio ideal.

En algunos de estos poemas se encuentran diálogos o invitaciones al diálogo a los hermanos mapuche y no mapuche mencionados a nivel de la representación poética por parte de los hablantes líricos. Asimismo, y a un nivel más abstracto, los poemas en cuanto tales y los diálogos que contienen pueden ser interpretados como una invitación a dialogar con los lectores pretendidos, quienes pueden ser miembros de la cultura mapuche, de la no mapuche o bien sentirse pertenecientes —como en ocasiones también los mismos autores— a ambos mundos (el mapuche y el huinca). El hecho de que escritores mapuche hablantes de mapudungun publiquen sus poemas en doble registro o bien agreguen glosarios para explicar términos del mapudungun, indica que conciben su escritura como una invitación a comunicarse con el otro. Al respecto cabe señalar que Gayatri Spivak ha enfatizado que para conseguir un verdadero diálogo no basta con tener voz y levantarla, sino que también es preciso que los destinatarios escuchen[24]. Algunos de los poemas comentados parecen invitar a los lectores a concientizarse y a contemplar la actual situación de crisis en la que se encuentra la naturaleza no humana así como a reflexionar sobre el papel que ésta desempeña para el pueblo mapuche. Asimismo la visión contenida en estos poemas sobre la naturaleza no humana implica a nivel de la representación lírica encuentros y reencuentros con ella capaces de estimular en los lectores una reflexión y acción a nivel extraliterario.

2.2 Formas de saber

La escenificación estética de los encuentros y reencuentros con el otro y/o con la naturaleza no humana proporciona a los lectores formas del saber vivir, convivir

---

20 *Ibid.*
21 Lara Millapan cit. en Falabella et al. 2006: 47.
22 *Ibid.* 51.
23 *Ibid.* 53.
24 *Cf.* Mora Curriao 2009: 179.

y sobrevivir. Según Ottmar Ette[25], la literatura contiene formas de saber que regulan las formas de vivir. En consecuencia, la literatura tendría un poder formativo e inclusive, en ocasiones, salvador. Respecto a la literatura mapuche se puede plantear que ésta posee ambos poderes o, mejor dicho, potenciales. El potencial formativo atañe a la convivencia entre seres humanos, entre éstos y naturaleza, y al interior de la cultura mapuche misma. Por consiguiente, mediante la integración de formas del saber vivir y convivir de los antepasados y de experiencias actuales de encuentros (inter)culturales y con la naturaleza no humana, los poemas muestran formas de convivencia que los lectores pueden ver como modelos a seguir, rechazar o transformar. En este sentido, lo formativo en los poemas analizados de Lara Millapan se manifiesta en una convivencia más consciente con la naturaleza no humana y en una toma de conciencia sobre la propia identidad cultural, la que a su vez influye en las pretensiones de convivencias intra e interculturales. Respecto al potencial formativo a nivel cultural, cabe mencionar que escritoras y escritores mapuche no sólo contemplan y discuten cuestiones actuales en torno a la realidad e identidad de su cultura mediante la literatura, sino también participan en discusiones extraliterarias. Dicho potencial formativo se puede convertir en un potencial salvador, dado que una gran parte de los poemas que representa una reacción en contra de la destrucción cultural revitaliza a la vez a la cultura mapuche. Quizá el potencial salvador también ataña a la naturaleza no humana, ya que los poemas explícita o implícitamente se refieren a su gran valor emocional y sobrevivencial y critican su destrucción. La esperanza en tal potencial salvador se ve reflejada en el poema "El último enemigo"[26] de Graciela Huinao, en el cual en primer lugar se establece la especial relación del yo lírico con la tierra al aludir al "ancestral amor a la tierra"[27], al "espíritu de la tierra"[28] y a su pertenencia a ésta[29]. En segundo lugar se promete: "[a]ntes que los años estrangulen mis recuerdos / o la madre naturaleza me acune en el regazo del olvido / con esta hebra poética me obligo a zurcir la tierra / que me fue legada con muchas heridas"[30]. Además, tal "hebra poética"[31] tiene una función salvadora para el sujeto lírico del poema, pues señala que "[p]ara seguir

---

25 *Cf.* 2004: 14.
26 Cit. en Falabella et al. 2009: 125–129.
27 Huinao cit. en Falabella et al. 2009: 125.
28 *Ibid.* 126.
29 *Cf.* Huinao cit. en Falabella et al. 2009: 127.
30 Huinao cit. en Falabella et al. 2009: 126.
31 *Ibid.*

sobreviviendo / mis poemas se han sometido"[32]. El poema deja claro que a pesar del último enemigo y de problemas ambientales tales como la escasez de agua, para el yo lírico el lugar preferido de la sobrevivencia es el territorio ancestral.

Los poemas de David Aniñir Guilitraro, en cambio, hacen referencia a la vida de los mapuche en las ciudades, a la convivencia con el "explotador" y a la difícil tarea de sobrevivir como pueblo mapuche en estas circunstancias. Es interesante que, aunque el poema "Mapurbe"[33] está situado en la "mierdópolis"[34] de Santiago, también tematiza la madre tierra en cuanto explotada y apuñalada. Además de denunciar la explotación por parte de un sistema capitalista mediante la creación de neologismos, la fusión del mapudungun con anglicismos y la reescritura de textos de la cultura hegemónica, Aniñir fortalece y revitaliza su propia cultura mapuche en el siguiente poema:

> **"Salmo 1997"**
> *A Simón*
> Padre nuestro que estas <sic> en el suelo
> putificado sea tu nombre
> vénganos de los que viven en los faldeos de la reina
> y en las condes
> hágase señor tu unánime voluntad
> así como lo hacen los fascistas en la tierra
> —nuestra tierra—
> Y la policía en la comisaría
> Danos hoy nuestro pan que nos quitan día a día
> perdona nuestras verdades
> así como nosotros condenamos
> a quien no las entiende
> no nos dejes caer en esta
> invasión
> y líbranos del explotador.
>
> Maaaaaaaaaaaaammeeeeeéén
>
> En el nombre del padre soltero
> del hijo huérfano
> and the saint spirit.
> (Q.E.P.D.)[35].

---

32 Huinao cit. en Falabella et al. 2009: 127.
33 Aniñir Guilitraro 2009: 75–76.
34 *Ibid.* 75.
35 *Ibid.* 47.

Aniñir al situar el año "1997" en el título del poema inscribe y evoca un suceso que ha dejado una herida en la memoria colectiva de los mapuche: la quema de camiones forestales por parte de miembros del pueblo mapuche en Lumaco y la consiguiente aplicación de la *Ley Antiterrorista* a comuneros de esta cultura[36].

De manera semejante, Eliana Pulquillanca hace recordar heridas en su poema "Es mi palabra"[37] en el cual levanta la voz para denunciar la destrucción del territorio ancestral y al mismo tiempo reactiva la memoria colectiva acerca de la reacción del Estado frente a los incendios en Lumaco, por lo cual su palabra se constituye en medio de denuncia. Sin embargo, el poema trasciende las dimensiones políticas, ya que el sujeto lírico al establecer repetidamente una relación sintagmática entre su palabra y los diferentes elementos de la naturaleza no humana mediante el verbo "ser" (el cual introduce una definición), demuestra su relación cercana con ésta. Por su lado, Leonel Lienlaf utiliza otra estrategia para demostrar esta cercanía: la transformación, mediante la cual se fusiona el yo lírico humano con la naturaleza no humana:

"Transformación"
La vida del árbol
invadió mi vida
comencé a sentirme árbol
y entendí su tristeza.

[…]

Yo me sentía árbol
porque el árbol era mi vida[38].

Estos poemas permiten a los lectores formarse una idea sobre las formas de convivencia que los mapuche desean o no con la naturaleza no humana. El respeto por ésta se despliega en la mayoría de los poemas analizados, de hecho ya la mera mención de una especie de planta o de animal señala dicho respeto y empatía. En la mayoría de los textos se nombran diferentes plantas y animales, incluso en algunos desde el título —tal como en "Los hualles solitarios"[39] de María Teresa Panchillo. De este modo, un *corpus* de poemas mapuche configura una cartografía de la flora y fauna de los territorios ancestrales, la que equivale a un saber sobre la vida y la convivencia almacenado en la literatura. De igual manera, los

---

36 *Cf.* Lavanchy 1999, Arenas Hödar 2010.
37 Pulquillanca s.a.
38 Lienlaf 1989: 99.
39 María Teresa Panchillo cit. en Falabella et al. 2009: 143.

poemas en su conjunto incluyen elementos importantes tanto de la vida cultural y espiritual de los mapuche como de su cosmovisión (p. e. la importancia de sentarse alrededor del fuego, de la ruka, de las historias que cuentan los ancianos y de la comunicación, entre otros).

Cabe agregar que incluso la misma denuncia —que nos lleva al tema concluyente de este artículo: el poder político de los poemas analizados— revela un saber sobre la vida y la convivencia, tal como en el poema "Deshidratándole la vida"[40] de Karla Guaquin que se refiere al problema de la escasez de agua en los territorios ancestrales causada por la tala de árboles nativos y la plantación de pinos y eucaliptos.

3 Poder político

¿Cuál es el poder o potencial político de los poemas mapuche comentados?

En primer lugar, éstos representan un espacio de negociación de la identidad cultural. Asimismo las consecuencias destructivas (a nivel ecológico y cultural) de los proyectos de inversión y de las políticas que las facilitan conllevan una reafirmación de la identidad cultural y a la vez de la reconstrucción de la cultura.

En segundo lugar, mientras formas de denuncia y resistencia como protestas o la ya antes mencionada quema de "máquinas destructivas" pueden ser criticadas y criminalizadas, la poesía constituye una forma de resistencia y denuncia que no se puede criminalizar tan fácilmente. Tampoco se puede falsificar lo dicho, dado que en la literatura no se aplican categorías binarias de "correcto" o "incorrecto". Lo escrito simplemente queda, es algo percibido y/o sentido por alguien, y ni la percepción ni los sentimientos se pueden negar. Creemos que estas características le agregan un poder político a la literatura del cual carecen las acciones reales y los textos factuales.

En tercer lugar, los textos literarios más que provocar una inclinación a favor o en contra de lo dicho en la literatura evocan reflexiones, las que pueden contribuir al desarrollo de una mejor comprensión del otro y a la empatía hacia éste. Y se supone que tanto el saber sobre el otro así como la empatía hacia él collevan en primera instancia una mejor comunicación, luego una mejor capacidad de solucionar conflictos y, como consecuencia natural, una convivencia más constructiva y justa[41]. A su vez, los textos factuales hablan de la importancia de la buena convivencia pero no la desarrollan. Creemos que representaciones

---

40 Guaquin cit. en Falabella et al. 2009: 82.
41 *Cf.* Rojas 2009: 167.

estéticas como las contenidas en estos poemas constituyen un mejor medio para desarrollar la empatía y la comprensión en los lectores.

En cuarto lugar, el hecho de que para los no mapuche la poesía mapuche escenifique otras formas de percibir y de vivir, aumenta sus posibilidades imaginables de formas de vivir.

Finalmente es importante considerar que la poesía escrita por mujeres mapuche que se publicó en *14 mujeres hilando en la memoria*[42], según Susan Foote "tiene la capacidad casi mágica de visibilizar lo silenciado y lo violentado; de enfrentar, interrogar y desbaratar el discurso de los poderosos"[43]. Tal visibilización de la relación asimétrica entre los mapuche y la sociedad hegemónica muestra que el diálogo "es imprescindible para el bienestar y la convivencia de todos los habitantes del país"[44], siendo la poesía —de acuerdo con esta autora[45]— la que inicia el diálogo más serio.

---

42 Falabella et al. 2009.
43 Foote 2009: 173.
44 *Ibid.* 175.
45 *Cf.* Foote 2009: 174.

Bibliografía

Literatura primaria:

Aniñir Guilitraro, David (2009): Mapurbe: venganza a raíz. Santiago: Pehuén Editores.

Falabella, Soledad et al. (eds.) (2006): Hilando en la memoria: 7 mujeres mapuche. Santiago: Editorial Cuarto Propio.

Falabella, Soledad et al. (2009): 14 mujeres hilando en la memoria. Epu rupa: 14 mujeres mapuche. Santiago: Editorial Cuarto Propio.

Lienlaf, Leonel (1989): Se ha despertado el ave de mi corazón. Santiago de Chile: Editorial Universitaria. Con un prólogo de Raúl Zurita.

Pulquillanca, Eliana ([2009] 2011): Naturaleza. En: Poesía Mapuche. Página de Erwin Quintupill. URL: http://poesiamapuche.blogspot.co.at/2011/07/naturaleza.html [11.07.2016].

Pulquillanca, Eliana (s.a.): Es mi palabra. En: Página de Alejandro Lavquén. URL: http://lavquen.cl.tripod.com/elianapulquillanca.htm [11.07.2016].

Vicuña, Cecilia (ed.) (1998): Ül: Four Mapuche Poets. An Anthology. Pittsburgh: Latin American Literary Review Press. Translated by John Bierhorst.

Literatura secundaria:

Arenas Hödar, Gonzalo (2010): Los mapuche y la Ley Antiterrorista. En: El Mostrador 7 de septiembre de 2010. URL: http://www.elmostrador.cl/noticias/opinion/2010/09/07/los-mapuche-y-la-ley-antiterrorista [11.07.2016].

Casals Hill, Andrea (2016): Environmental (In)justice and *Mestizo* Writing. En: Interdisciplinary Studies in Literature and Environment Vol. 23, Núm. 1: 162–174.

Ette, Ottmar (2004): ÜberLebenswissen. Die Aufgabe der Philologie. Berlin: Kulturverlag Kadmos.

Ette, Ottmar (2010): ZusammenLebensWissen. List, Last und Lust literarischer Konvivenz im globalen Maßstab (ÜberLebenswissen III). Berlin: Kulturverlag Kadmos.

Foote, Susan (2009): El poder de la poesía: nuevas voces convocan al diálogo. En: Falabella, Soledad et al. (eds.): 14 mujeres hilando en la memoria. Epu rupa: 14 mujeres mapuche. Santiago: Editorial Cuarto Propio: 173–175.

García Barrera, Mabel (2008): Entre-textos: La dimensión dialógica e intercultural del discurso poético mapuche. En: Revista Chilena de Literatura Núm. 72: 29–70.

Lavanchy, Javier (1999): Conflicto y propuestas de autonomía mapuche. En: Centro de Documentación Mapuche/Ñuke Mapu Junio de 1999. URL: http://www.mapuche.info/mapuint/lava1.html [11.07.2016].

Mora Curriao, Maribel (2009): Sobre memoria, cuerpo y escritura de mujeres mapuche: aproximaciones desde este (otro) lado. En: Falabella, Soledad et al. (eds.): 14 mujeres hilando en la memoria. Epu rupa: 14 mujeres mapuche. Santiago: Editorial Cuarto Propio: 177–181.

Ostria González, Mauricio (2016): 'And I see Spiders and I Graze on Thickets…'. On the Ecological Calling of Poetry. En: Interdisciplinary Studies in Literature and Environment Vol. 23, Núm. 1: 124–137.

Pineda, César Enrique (2012): La dimensión socioambiental del movimiento mapuche en Chile. En: OSAL Año XIII, Núm. 32, Buenos Aires: CLASCO: 135–148.

Real Academia Española (s.a.): diálogo. En: Diccionario de la lengua española. URL: http://dle.rae.es/?id=DetWqMJ [11.07.2016].

Rojas, Rodrigo (2009): Dulce urdimbre. En: Falabella, Soledad et al. (eds.): 14 mujeres hilando en la memoria. Epu rupa: 14 mujeres mapuche. Santiago: Editorial Cuarto Propio: 167–171.

Sommer, Bernd/Welzer, Harald (2014): Transformationsdesign. Wege in eine zukunftsfähige Moderne. München: Oekom Verlag.

Alejandro Cárcamo Mansilla

De discursos de resistencia y autonomía: cartas a autoridades chilenas, memoriales y comunicados mapuche-williche de los siglos XIX al XXI

Abstract: The Mapuche-Williche adapted cultural codes from Chilean Hispanic-Creole society and have used them in their favor to create resistance discourses since the 19th century. The Mapuche-Williche always sought a horizontal dialogue with the government of Chile, developing an autonomist discourse, while the Chilean State treated it as a subaltern.

1 Introducción

El presente trabajo pretende comenzar a acercarse a la historia de cómo los mapuche-williche lograron adaptar códigos culturales ajenos —incluso aquellos con los que la sociedad hispano-criolla chilena buscaba relegarlos a la subalternidad— para usarlos a su favor y crear una literatura de resistencia en el idioma y escritura del 'otro' manifestada en cartas enviadas a autoridades chilenas, memoriales y comunicados públicos, textos a los que llamaremos "discursos de resistencia". Se procura observar la autonomía que han poseído los mapuche-williche y cómo han logrado rearticular o desarticular las relaciones de poder que se comenzaron a crear y a aplicar desde la conquista de su territorio en 1973 por parte de la sociedad hispano-criolla, estudiando para este propósito sus discursos de resistencia surgidos desde la colonización de su territorio en el siglo XIX hasta los aparecidos durante el siglo XX, incluso reproducidos en comunicados de prensa en el siglo XXI.

Los mapuche-williche son una parte del pueblo mapuche que habita en las actuales regiones de Los Lagos y Los Ríos (Chile), territorio denominado por los mapuche —por lo menos en las fuentes desde 1936— *Fütawillimapu* ('Grandes Tierras del Sur'). Este pueblo perdió progresivamente su independencia en un período bastante largo: los que habitaban Chiloé y Calbuco la perdieron a la llegada de los españoles a su territorio, los de Valdivia hacia la frontera con Calbuco firmaron en 1793 el "Tratado de Las Canoas"[1] que si bien les reconocía un territorio como propio, los hacía súbditos del rey, mientras que los del norte

---

1   Junta General Tratado de Paz o Parlamento de Las Canoas. 8 de Septiembre de 1793.

de Valdivia hasta el Toltén (incluyendo a los de Panguipulli) comenzaron a conocer un proceso de colonización posterior a la toma de las ruinas de Villarrica
en 1883 por parte del ejército chileno. Es importante considerar estos aspectos,
ya que recién en 1936 —como veremos— los mapuche-williche presentarán un
discurso que busca representarlos a todos.

La hipótesis del presente trabajo consiste en que los mapuche-williche a partir de su pérdida de independencia comenzaron un proceso de resistencia en el
que siempre buscaron el diálogo horizontal con el 'otro' hispano-criollo chileno
y con el estado chileno, búsqueda que les permitió mantener y desarrollar un
discurso autonomista a pesar de que éste no logró intervenir fuertemente en las
relaciones entre ambas sociedades debido a que la mapuche siempre fue vista
como subalterna por el 'otro' que se declara dominante y que es representado por
el estado chileno.

La investigación girará en torno a la subalternidad del sujeto mapuche-williche a partir de su condición indígena. Las intenciones de este trabajo son, por
un lado, demostrar que el subalterno posee una autonomía que le permite crear
su propio mundo —el cual no se encuentra sumido en ni alejado del mundo del
que busca ser su dominador—, y, por otro lado, demostrar que el discurso autonomista mapuche-williche (reflejado en sus discursos de resistencia) no es —
como algunos investigadores piensan[2]— sólo cuestión de fines del siglo XX y
de nuestra actualidad, sino que representa un grito silenciado y tan largo que su
genealogía se remonta a los primeros años de la pérdida de su independencia[3].

Las fuentes a utilizar son cartas mapuche-williche del siglo XIX aparecidas
en la recopilación realizada por Pavez (2008), los memoriales mapuche-williche
escritos entre 1894 y 1996 así como los comunicados de prensa de las Comunidades en Conflicto del Pilmaikén, las que a partir de 2008 han iniciado un

---

2   Ver Tricot 2013 y Pairicán 2014, quienes no sólo observan el discurso autonomista
    mapuche como un fenómeno reciente, sino que también lo centran en Temuco y la
    región de La Araucanía.
3   Las principales investigaciones que sirven de base teórica al presente estudio son algu-
    nos de los trabajos del "Grupo de Estudios Subalternos de India" (Guha 2002, 2011,
    Banerjee 2010, Spivak 1997, 1998, 2010), los estudios subalternos desde la perspectiva
    latinoamericana (Mallon 2001, Beverley 2002, Bustos 2002 —principalmente sobre
    la discusión acerca de los estudios subalternos entre Mallon y Beverley—, Rodríguez
    1998, Herrera 2009, Archila 2005, Rufer 2010, Moreiras 2000, Galindo 2010, Rabasa
    2010) e investigaciones sobre casos de subalternización en Latinoamérica, especial-
    mente en contextos de historia cultural indígena (Salomón 2011, Citro 2006, Brangier
    2012, Perren 2010). Un excelente trabajo sobre el pensamiento construido por los
    estudios subalternos lo constituye la compilación realizada por Rodríguez 2011.

proceso de recuperación del *Ngen Kintuante* (espacio sagrado para la cultura mapuche-williche).

2 Las cartas del siglo XIX y el inicio del diálogo intercultural asimétrico

La interpretación se basa en 13 cartas provenientes de sectores del *Fütawillimapu* reunidas en *Cartas Mapuche: Siglo XIX* de Jorge Pavez[4], las cuales se dividieron en cuatro grupos[5]. El primer grupo se conforma de cuatro cartas —anteriores a los vínculos mapuche-williche con el naciente estado-nacional chileno— escritas en el *Fütawillimapu* entre 1803–1807, período en el que comienzan las relaciones entre un territorio mapuche-williche colonizado y la sociedad hispano-criolla. La única carta del segundo apartado busca representar el período comprendido entre 1830 y 1857 caracterizado por un aparente abandono del estado-nacional chileno para con este territorio debido a que es el momento en el cual se comienza a fraguar desde el centro político de Chile (Santiago) el "blanqueamiento" racial del territorio mapuche-williche mediante la traída de inmigrantes alemanes, etapa en la cual además los hispano-criollos de la zona comienzan a sentirse dueños del territorio y a ejercer su supuesta dominancia. El tercer grupo está constituido por cuatro cartas y busca representar el período comprendido entre la llegada de los colonos alemanes —que aumenta el clima de violencia por la tierra debido a la especulación[6]—, la derrota militar de los mapuche de más al norte a ambos lados de la cordillera y el inicio de la reducción mapuche (1861–1883). El último grupo se conforma de cuatro cartas de fines del siglo XIX (1893–1896) que permiten observar tanto el clima existente en el *Fütawillimapu* al momento de la aparición del primer memorial conocido (1894) como los grados de conflictividad intercultural —tras lo sucedido en los tres períodos anteriores— entre las sociedades mapuche-williche e hispano-criolla[7].

---

4   Ver Anexo.

5   Estas cartas —y no otras— de la compilación realizada por Pavez 2008 fueron elegidas porque corresponden a emisores pertenecientes al territorio del *Fütawillimapu*.

6   Cabe señalar que las cartas no explicitan este hecho, más bien giran en torno a los conflictos surgidos para los mapuche-williche desde las desfavorables relaciones interculturales.

7   Sobre este período ver Bengoa 2000, Pinto 2003, Marimán et al. 2006 y Nahuelpán et al. 2013. No está de más mencionar el informe de la Comisión Verdad Histórica y Nuevo Trato con los Pueblos Indígenas 2009 para tener un contexto general de la relación entre estado chileno y pueblos amerindios. Estos textos, ya clásicos, permiten

El relato de las cartas permite concluir que en el período de la invasión del territorio autónomo mapuche durante el siglo XIX tiene lugar con mayor potencia una supuesta adaptación de esta cultura a los códigos hegemónicos para lograr mantener cierta libertad, la que desde la actualidad puede ser considerada como resistencia, ya que los mapuche-williche a lo largo del siglo XIX —y a pesar de la pérdida de autonomía cada vez más evidente— han ido aprendiendo cómo utilizar al 'otro', cómo usar sus códigos y cómo hablar con él desde su idioma. Incluso los mapuche-williche irán comprendiendo que son vistos como subalternos por los hispano-criollos chilenos y comenzarán a utilizar esta visión para sus propios intereses.

Estas cartas demuestran la adaptación a un contexto histórico de pueblo colonizado lograda por los mapuche-williche a diferencia de los memoriales que escenifican las intenciones de éstos para superar la subalternidad a la que los relega la condición de pueblo colonizado. En los memoriales no se olvida la firma del "Tratado de Las Canoas" ni de los "Títulos de Comisario"[8] que, aunque escritos por los hispano-criollos, son apropiados por los mapuche-williche según sus propios intereses[9]. Las cartas evidencian una tradición escritural mapuche-williche que funcionaliza un discurso sobre sí frente al 'otro', al que persuade a través de la utilización de los estereotipos mediante los que percibe a los mapuche, además de existir una expropiación de la palabra escrita de los hispano-criollos por parte de los mapuche-williche del siglo XIX.

A pesar de ser documentos privados, estas cartas buscaron intervenir en el espacio público de la sociedad hispano-criolla con el propósito de reclamar relaciones horizontales entre ambas sociedades. Por consiguiente, la fuerza de estas cartas radica en que comenzaron a mostrar la adaptación de los mapuche a una relación intercultural negativa para ellos desde la que buscan mantener su propia autonomía. Por su parte, los memoriales establecerán con más claridad qué tipo de autonomía reclaman los mapuche-williche y pedirán —al igual que las

---

entender de mejor forma la relación entre el naciente estado chileno y los mapuche, principalmente durante el siglo XIX.

8   Aunque en cada carta se lee entre líneas la búsqueda de respeto por este tratado y por los títulos entregados por el estado chileno, este asunto es más explícito en los memoriales. Los "Títulos de Comisario" fueron títulos entregados por el estado chileno entre las décadas de 1820 y 1830 a familias mapuche-williche sobre el territorio reconocido como mapuche por el "Tratado de Las Canoas".

9   Sobre la apropiación de elementos culturales del 'otro' hispano-criollo por parte de los mapuche es interesante ver el trabajo de Boccara 2009. A esta situación el autor la denomina "captación de la diferencia".

cartas— no inmiscuirse en asuntos internos a la comunidad, sólo en la relación intercultural entre ambos pueblos.

Las cartas estudiadas permiten ver la constante negación por parte de las autoridades del estado chileno a establecer una relación más igualitaria con los mapuche-williche, por lo que ponen en evidencia la asimetría de las relaciones interculturales a las que intentan someter a los mapuche. Aun así éstos jugarán con tal condición buscando superarla, anunciándose a sí mismos como los quiere ver el 'otro' y a partir de esa misma visión intentando superar los problemas generados por dicha relación intercultural asimétrica que ambiciona subalternizarlos. Los mapuche se autoproclaman "indios" o "araucanos", asignándoles un potencial positivo a estos términos y funcionalizando el mito del araucano heroico que combatió al español[10].

A pesar de saberse sometida a las nuevas relaciones de poder que durante el siglo XIX se tejieron en el *Fütawillimapu*, la sociedad mapuche-williche jamás se vio a sí misma como inferior en relación con la sociedad hispano-criolla chilena. Existe la imposibilidad de dialogar con la sociedad hispano-criolla chilena, posicionada como dominante, e intentos mapuche-williche por un diálogo horizontal. Es un diálogo imposible, pues hispano-criollos y descendientes de alemanes se juzgan superiores al 'otro' mapuche-williche, y éste en su resistencia a los intentos de hacerlo desaparecer se adapta al 'otro' hegemónico ocupando sus códigos aprendidos en la relación intercultural. La subalternización no consiste sólo en el proceso de silenciar al considerado sin voz, sino también en que el subalterno se adapta a la subalternidad y desde esta posición busca romper con la dominación. Por tanto, la subalternización no es la naturalización de un sujeto subalterno, sino la adaptación que resiste y hace imposible una hegemonía total. La subalternización es la verbalización de la voz del excluido dentro del espacio del que busca la hegemonía, es decir, en este caso la sociedad hispano-criolla chilena.

La adaptación en resistencia por parte de los mapuche del *Fütawillimapu* durante el siglo XIX que se observa a través de estas cartas muestra que en este proceso de larga duración ellos, antes que reaccionarios frente a los intentos de

---

10 Los mapuche-williche comienzan a mostrarse como el sujeto que quiere ver el 'otro', visibilizándose como "indios buenos" y "resistentes ante los españoles" más que como "salvajes" deseosos de destruir lo civilizado. Si se lee a contrapelo y entre líneas es posible percibir inmediatamente que el mapuche-williche sólo utiliza esta representación como recurso discursivo para ser tomado en cuenta y hacer realidad sus intenciones. Las cartas no muestran cómo el sujeto mapuche se ve a sí mismo, sino más bien una inteligencia nacida de la subalternización desde la cual el mapuche actúa con ingenio.

estas nuevas relaciones de poder que se instalan en su territorio conquistado y colonizado, fueron siempre agentes activos, tal como lo evidencia su misma historia y la de su relación con el 'otro'. Con el fin de relevar la historia mapuche y no sólo las consecuencias de su derrota y lo negativo de su integración, es preciso metodológicamente en análisis como éste considerar la visión de la sociedad mapuche-williche y no únicamente la estatal o de la sociedad conquistadora.

La astucia de los mapuche-williche en la forma de hacer visibles sus intereses en estas cartas —y luego en los memoriales— muestra cómo los discursos de resistencia buscaron inmiscuirse en el espacio público hispano-criollo a pesar de la visión que éste tenía (y tiene) de los mapuche.

Si consideramos que la sociedad hispano-criolla chilena pensaba a un indio sin voz como norma, se puede indicar que hubo una estrategia de poder fallida por parte de ésta. También es posible afirmar que en estas cartas existió una sutil manifestación de una resistencia exitosa que obligaba al 'otro' a hablar sobre los mapuche-williche. Este éxito no permitió que el mapuche dejara de ser visto como subalterno por parte de la sociedad hispano-criolla, pues ésta seguirá viéndolos como "indios" e inferiores. La astucia con la que los mapuche-williche lograron hacer visibles sus intereses, es lo que permite señalar que éstos se encuentran conscientes de las relaciones de poder que durante el siglo XIX buscaron hacerlos subalternos. A pesar de esto, los mapuche-williche no dejaron de hablar y proponer soluciones frente a los problemas generados por una relación intercultural negativa para los mapuche.

La interpretación de estas cartas posibilita construir una historia que aleja de las voces del estado chileno y de historiadores que, convencidos de que la historia sólo se puede hacer a partir de documentos estatales[11], se jactan o lamentan desde fuentes construidas desde la visión del "vencedor", es decir, del estado chileno. Estas cartas demuestran que el supuesto vencido no es tal, pues el mapuche-williche representa más bien un sujeto siempre activo que busca superar la subalternidad a la que intentan relegarlo. Asimismo tales documentos permitieron pasar del lamento y la denuncia a la demostración de la actividad ejercida en contra de lo lamentado y denunciado por parte de los propios afectados.

---

11 Es el caso de los llamados "estudios fronterizos" de los cuales el exponente más visible es Sergio Villalobos. Para conocer la desconfianza de Villalobos a estas mismas cartas recopiladas por Pavez y a todas las fuentes emanadas desde la voz mapuche ver Villalobos 1997. La respuesta a Villalobos véase en Pavez 2012.

3 Los memoriales del siglo XX y su propuesta de autonomía

El primer memorial aparece en 1894[12] y señala ser representante de todos los mapuche de las provincias de Valdivia y Llanquihue (antiguo territorio del *Fütawillimapu*) y constituye una denuncia de los atropellos, asesinatos y robos cometidos por las élites locales a los mapuche-williche con el fin de usurparles el territorio. Una de las tantas denuncias que el documento contiene es la siguiente:

> En la reducción de Remehue y varias otras, nuestros perseguidores incendiaban casas, ranchos, sementeras; sacaban de sus viviendas por la fuerza a los moradores de ellas, los arrojaban a los montes y enseguida les prendían fuego, hasta que muchos infelices perecían o quemados vivos, o muertos de frío o de hambre. Jamás en país alguno podrá imaginarse que esto se ha hecho un sinnúmero de veces, vanagloriándose un individuo en la actualidad [1894] de haber incendiado siete veces el rancho a una pobre familia[13].

Los mapuche-williche ocupaban constantemente la expresión "nuestros enemigos" para referirse a las élites y autoridades locales y apelaban a las autoridades centrales a tratarlos a éstos como tales, ya que no permitían ni contribuían con el desarrollo de una nación civilizada como la chilena. De este modo, en este discurso usan la condición de chilenidad y valores eurocentristas propios de las élites nacionales latinoamericanas para llamar la atención sobre sus problemáticas y conseguir el castigo a los culpables y la reposición de lo perdido.

Los memoriales de 1905, 1908, 1909, 1910 y 1912[14] siguen la línea del de 1894, enfatizando en la devolución del territorio despojado violentamente por las élites locales. Debido principalmente a la situación de la tierra y su posesión es posible concebir el clima de violencia en el *Fütawillimapu* entre fines del siglo XIX y principios del XX.

Los memoriales de 1917 y 1930[15] denuncian sobre todo la persecución y asesinato —de incluso un *lonko*— no sólo por peones armados de las élites, sino también atropellos cometidos por la fuerza pública. En el memorial de 1930, el *lonko* Imil Lingay de Huacahue pide amparo a las autoridades centrales por haber sido arrojado de su hogar por un pelotón de carabineros enviado por el gobernador de Osorno. En estos momentos, el discurso mapuche se podría

---

12 Alcamán 2010: 109–127.
13 "Manifiesto para explicar al público una solicitud presentada al Excmo. Presidente de la República, señor Don Jorge Montt, por todos los caciques el departamento de Osorno. 1894", en Alcamán 2010: 112.
14 Para ver completos los memoriales de 1905, 1908, 1909, 1910 y 1912, ver Alcamán 2010: 128–136.
15 Alcamán 2010: 137–146.

formular así: "somos herederos por nuestros ancestros nacidos y criados en nuestros suelos".

Los memoriales de 1931 y 1932[16] están dirigidos contra los misioneros. En 1932 el *lonko* de Quilacahuín decide solicitar a la misión cristiana ubicada en la zona retirarse y devolver todas las tierras que había proclamado propias, ya que de éstas despojó a parte de la comunidad. Este *lonko* basaba su petición en el "Tratado de Las Canoas" suscrito en 1793 en el que se establecía que el terreno de las diferentes misiones ubicadas en territorio williche eran préstamos de propiedad de las comunidades. La relación entre la misión y las comunidades se hacía cada vez más difícil desde fines del siglo XIX. La solicitud fue denegada por los misioneros, quienes argumentaban que los williche habían aceptado en dicho tratado la presencia de las misiones hasta que éstas consiguieran la evangelización completa del mapuche, la cual aún no se había logrado porque éstos continuaban practicando *guillatún*[17] y usando su idioma[18]. Así, queda claro que la integración civilizatoria de la cultura mapuche-williche implicaba su destrucción. Mapuche y misioneros argumentan sus posiciones a partir del mismo tratado, el cual tuvo su origen en contextos de guerra desde los cuales estableció los lineamientos del proceso de colonización del *Fütawillimapu*. El conflicto llevó a los mapuche de Quilacahuín a declarar a los misioneros enemigos, ya que éstos —junto a la fuerza pública— desalojaron a los mapuche reunidos durante un *guillatún* en el sector y quitaron el bastón de mando del *lonko*. Avalándose nuevamente en el "Tratado de Las Canoas", las comunidades de Quilacahuín proclamaron la gobernación del territorio como propia, es decir, se organizaron para defender la autonomía que pretendían adquirir, mientras que el obispo de Osorno —en apoyo a los misioneros y a su actuar— los amenazaba con las consecuencias que les significaría dicho anuncio. El "Estado mapuche del país de Quilacahuín" se expandió más allá de Quilacahuín proclamando que representaba a 15.000 mapuche[19].

En la década de los años treinta las ideas de las comunidades y organizaciones mapuche-williche comienzan a cohesionarse, dándole unidad a un movimiento que desde fines del siglo XIX venía perfeccionando sus formas de adaptarse

---

16 *Ibid.* 147–153.
17 Ceremonia religiosa mapuche, dirigida por un *machi* o maestro de ceremonias, que busca fortalecer los lazos entre las comunidades y entre ellas y su mundo espiritual.
18 "Las pretensiones del cacique de Quilacahuín", *La Prensa* 29 de Septiembre de 1932: 3, en Carillanca 2010: 64.
19 "Caciques José Santos Conapil, Juan Manuel Menco y José Ignacio Epuyao Imilpán acusan a misionero de Quilacahuín", en Alcamán 2010: 153.

y resistir. Una de las principales características de este movimiento es que los representantes de la sociedad mapuche-williche son los *apo ülmen* y *lonko*[20] de las comunidades, es decir, se mantiene la antigua organización de la sociedad williche[21]. La lucha de los mapuche-williche es tanto hacia afuera (en contra de las relaciones de poder que los subordinan) como hacia adentro (a favor del fortalecimiento de su sociedad), característica de su resistencia de fines del siglo XIX e inicios del XX que podía verse en todo el *Fütawillimapu*. Dicho proceso de unificación de la resistencia permitió que en diciembre de 1935 la gran mayoría de las comunidades del *Fütawillimapu* —representados por sus autoridades tradicionales— se reuniera en Quilacahuín a redactar un memorial[22] con la intención de presentarlo al presidente de la república, el cual es enviado a fines de 1935 y publicado en 1936. En este memorial argumentan que los derechos del mapuche están consignados en la "historia chilena"[23] y que los partidos políticos no los representan ni menos los manejan. Se proclaman representantes sin distinción de todo el *Fütawillimapu*, se declaran libres de cualquier intervención y autónomos en sus peticiones nacidas de sus propias necesidades. En síntesis, este memorial no sólo pedía respetar los acuerdos firmados y ratificados entre williche y el estado así como la devolución del territorio, sino que además proponía la creación de una nueva justicia y educación para los mapuche concebida por ellos mismos dentro de su propio territorio y buscaba restablecer el libre tránsito por el *Fütawillimapu*. Por lo tanto, el documento planteaba el reconocimiento y respeto de una autonomía. El memorial llegará al presidente, logrará que las denuncias sean revisadas, pero no conseguirá la implementación de las aspiraciones mapuche-williche. Aun así trazará públicamente el camino que seguirán todas las comunidades.

---

20 Mientras los *lonko* son jefes de una familia extensa, los *apo ülmen* son los representantes de los *lonko* y sus familias en un territorio determinado.

21 Para conocer sobre la organización interna de las comunidades, principalmente de Panguipulli durante el parlamento de Coz-Coz, ver Díaz [1907] 2005.

22 "Memorial y documentos presentados por los Caciques Generales Mapuches del Buta Huillimapu a su excelencia el Presidente de la República. 1936", en Alcamán 2010: 154–166.

23 Los williche al proclamarse en este memorial la "primera raza chilena" expresan una clara subalternización que aprovecha el discurso de los grupos dominantes y lo adapta a su favor, lo cual no sólo se ve en este memorial, sino en todos los estudiados. Los memoriales demuestran en parte que los mapuche-williche se apropian de los signos de la sociedad hispano-criolla chilena.

Los memoriales siguientes (1937, 1942, 1948–1949, 1961, 1962, 1963, 1970–1973[24]) no tendrán la misma intensidad ni reunirán tantos *lonkos* como el de 1936, aunque mantendrán sus lineamientos, a excepción del de 1970–1973 que intentará inmiscuirse en la política nacional apoyando el proceso de reforma agraria. El proceso de reorganización de la Junta General de Caciques del *Fütawillimapu* vivido en la década de 1980 dio como resultado el memorial de 1984, el que hace un resumen en cuatro puntos del memorial de 1936. Los memoriales de 1985 y 1996 serán una copia del memorial de 1984. Como afirman Rolf Foerster y Jorge Vergara (2005), serán los *lonkos* mapuche los encargados de guiar las demandas mapuche-williche, no organizaciones mapuche no-tradicionales.

Los memoriales se transforman en testimonios que permiten observar cómo el mapuche-williche adaptó y expropió elementos ajenos a su cultura para transgredir su condición de subalterno frente a una sociedad que lo discriminaba. Pero he aquí la subalternidad mapuche-williche, ya que el estado chileno hará caso omiso a estos memoriales. El mapuche buscó el reconocimiento a través del diálogo, pero el estado chileno jamás lo escuchó durante los siglos XIX y XX.

Los memoriales del siglo XX analizados por Foerster/Vergara (2005) siguen todos la misma lógica: fueron firmados por *lonkos*, admiten la presencia permanente de los mapuche-williche y exigen el respeto de la autonomía de esta sociedad dentro del territorio del *Fütawillimapu*. Sin embargo, desde el memorial de 1936 los argumentos de este discurso se aglutinan en torno a un discurso regional basado en el "Tratado de Las Canoas", documento reinterpretado por los mapuche-williche para reivindicar el derecho a recuperar su destino.

No sólo en los memoriales se ve esta reinterpretación del "Tratado de Las Canoas" y el llamado a la unidad mapuche-williche para luchar por volver a tomar su destino en sus propias manos, sino también en comunicados que en la actualidad manifiestan el discurso de resistencia mapuche-williche.

El hecho de que el discurso de resistencia mapuche-williche se declare —como lo manifiesta el "Tratado"[25]— "hasta que el mundo

---

24 Ver Foerster/Vergara 2005.
25 El "Tratado" se enfoca en un territorio específico entre Valdivia y el Seno de Reloncaví, mientras que desde el norte de Valdivia al Biobío —como manifiestan Foerster/Vergara 2005— recién en la década de los años noventa comenzarán a reivindicarse los tratados suscritos entre el imperio español y los mapuche. El movimiento mapuche-williche chilote es menos potente en argumentos de este tipo; aun así en sus memoriales no sólo busca exigir —según el "Tratado"— el territorio establecido como propio (como si fuera sólo una petición de restitución de tierras), sino también una autonomía para todo el *Fütawillimapu*. Sobre el caso chilote —y ésta es una tarea pendiente— es necesario analizar lo realizado por el *lonko* José Santos Lincomán.

sea"[26], transforma la lucha de esta sociedad en una máquina de hacer discursos que buscará argumentar la autonomía de esta cultura hasta acabar con la subalternidad a la que se encuentra sometida por los grupos chilenos dominantes del *Fütawillimapu*. Si bien la situación de subalternidad no acaba con la escritura de memoriales y otros discursos de resistencia, éstos manifiestan un argumento unitario para mantenerse presentes hasta la actualidad: autonomía para el *Fütawillimapu*.

4 Los comunicados del siglo XXI y sus demostraciones de acción

La estrategia de diálogo por parte de los mapuche comienza a ocupar una nueva táctica en los comunicados, pues les agrega la demostración de acciones en contra de sus enemigos: el capitalismo (representado por grandes empresas, principalmente forestales e hidroeléctricas) y el estado chileno, tal como se manifiesta en el siguiente discurso:

La Resistencia Williche – Comunicado Público

A la Nación Mapuche, a la opinión pública local e internacional:
La Resistencia Williche del territorio de la Futawillimapu reivindica las siguientes acciones:
Pto. Montt:
Corte de ruta con barricadas camino a Pargua el lunes 18 febrero 2013 en la madrugada.
Osorno:
Lunes 18 febrero 2013 en la noche: Ataque al alimentador de la empresa SAESA ubicado en la calle Los Carreras entre Freire y Prat. SAESA es la empresa que extrae la energía de las Centrales hidroeléctricas del río Pilmaiken, por tanto enemiga del pueblo Mapuche por ser las empresas energéticas las que amenazan con inundar el complejo ceremonial Ngen Mapu Kintuante y destruyen el Río Pilmaiken.
Lunes 18 febrero 2013 en la noche: Quema de caseta de antena celular en Av. Real Rahue Alto
Valdivia:
Corte de Ruta con barricadas en la Ruta que une Valdivia con Paillaco, específicamente en la cuesta del sector Casablanca.
Informamos que la Resistencia Williche de la Futawillimapu da inicio a una escalada de acciones para exigir la libertad de pu Machi y pu Peñi del Pilmaiken encarcelados en el Penal Llancahue de Valdivia.

---

26 Junta General Tratado de Paz o Parlamento de Las Canoas. 8 de Septiembre de 1793: F. 23.

Libertad a los Presos Políticos Mapuche – Williche del Pilmaiken
Fuera las Centrales Hidroeléctricas del Pilmaiken
Marrichiweu!!!
21-02-2013[27]

Este comunicado no sólo presenta acciones de resistencia —aunque menores—
realizadas en tres de las principales ciudades ubicadas en el *Fütawillimapu*, sino
que también expone una resistencia que logra coordinar en prácticas lo que en
el discurso está unido: el territorio mapuche-williche. Dichas acciones se enmar-
can en un contexto actual en el cual los mapuche-williche y sus grupos de apoyo
que eligieron la confrontación directa con el estado chileno reivindican a sus
presos políticos, admitiendo que éstos se encuentran en prisión no por cometer
delitos, sino por afrontar la guerra social que busca imponer la "paz social" de los
grupos dominantes. Por consiguiente, son presos políticos del estado chileno por
haberse transformado en enemigos del mismo y de su paz.

En el verano de 2013 caen presos seis mapuche-williche, entre ellos dos
machis[28] acusados de un atentado en la localidad de Pisu Pisue, Río Bueno.
Estos apresamientos tienen lugar en el contexto de las detenciones de comuneros ocurridas tras el asesinato del matrimonio de latifundistas Luchsinger-Mac-
kay cometido en Vilcún a principios de enero de 2013 por parte de un grupo
mapuche que incendió la casa patronal luego de un enfrentamiento con armas
de fuego. Rodrigo Ubilla[29] (Subsecretario del Interior del gobierno chileno de
entonces) señaló la existencia de grupos terroristas ubicados en territorio mapuche y la necesidad de realizar acciones preventivas de mayor fuerza en la zona, las
que significaron la militarización de territorios dominados por las comunidades
y detenciones de mapuche, entre ellos los que mantenían la resistencia en el *Ngen
Kintuante* (lugar sagrado mapuche-williche ubicado al borde del río Pilmaiquén)
en contra de la construcción de una represa hidroeléctrica. Las acciones de resistencia en las ciudades de Valdivia, Osorno y Puerto Montt tienen lugar en el
contexto de esta lucha.

Las exigencias de autonomía mapuche-williche en el territorio del *Fütawillimapu* así como las prácticas de control por parte del estado chileno contra
dichas pretensiones indican un proceso de subalternización nunca finalizado, en
el cual la sociedad mapuche busca construir su propio mundo —que se manifiesta en cada discurso de resistencia— mientras que la sociedad hispano-criolla

---

27 Pilmaiquén Weichan 21 de febrero de 2013.
28 Ver Publicación Refractario 10 de febrero de 2013. Cuando nos referimos a *machis*,
    hablamos de autoridades religiosas de la sociedad mapuche.
29 CNN-Chile 9 de enero de 2013.

los incluye-excluye como subalternos. Las acciones de los hispano-criollos buscan controlar antes que dialogar con los mapuche-williche y si llega a surgir el diálogo entre ambas culturas, éste tendrá lugar desde la posición dominante de los chilenos y serán sus propias palabras y soluciones —y no las de los mapuche o una solución consensuada— las que se intentará aplicar. Para el estado chileno y los grupos dominantes del Chile tradicional y de la región del *Fütawillimapu* el "problema" mapuche es de "orden social", equivalente a la aceptación de la subalternidad por parte de esta cultura.

No obstante, los grupos subalternos no aceptan la dominación e impiden cualquier hegemonía total. En los años transcurridos entre la década del noventa y la actualidad la cantidad de presos políticos mapuche ha aumentado y las agrupaciones territoriales mapuche han mantenido levantada la lucha por la autonomía. El estado chileno y los grupos dominantes del país han realizado incluso operaciones —tal como la "Operación Paciencia"— que buscan criminalizar la protesta mapuche y hacer parecer a estos movimientos como grupos que atentan contra el orden de "todos los chilenos"[30]. Las élites chilenas todavía no pueden admitir que los mapuche sean capaces de organizarse autónomamente y que sean iguales a ellas en cuanto a poder ocupar cargos de alto rango en la administración de la sociedad hispano-criolla o a dirigir su propia sociedad[31]. La visión de las élites chilenas mantiene casi intacta la mentalidad de la estructura racial colonial y el ver a los 'otros' como subalternos.

A pesar de la subalternidad el mapuche-williche ejerce una lucha "hasta que el mundo sea", es decir, manifiesta sus intenciones de conseguir y construir su propio camino autónomo, si bien —como lo manifiesta en el memorial de 1936— incluyendo a los otros subalternos de su territorio. El enemigo mapuche-williche son los grupos dominantes que no han respetado los acuerdos firmados entre ambos pueblos. Esta problemática se expresa en un comunicado de octubre de 2013 en el cual los *apo ülmen* mapuche-williche manifiestan la defensa de su territorio mediante un discurso en torno no sólo a su recuperación, sino a pensarlo como propio y por consiguiente con el derecho a ejercer su administración de forma autónoma. Asimismo en este documento se critican las prácticas del estado chileno por intentar forzar a los mapuche a asumir una condición

---

30 Para conocer más sobre esta operación, la criminalización de la protesta mapuche y el intento de acabar principalmente con la "Coordinadora Arauco-Malleco" por parte del estado chileno, ver Mella 2007 y Pairicán 2014.

31 Ver la investigación desarrollada por la Universidad Diego Portales en torno a la visión de las élites chilenas sobre el mapuche en Instituto de Investigación en Ciencias Sociales/Universidad Diego Portales 2013.

subalterna acallándolos no sólo mediante la cárcel y otros dispositivos de poder instalados en su territorio invadido, sino en ocasiones incluso para siempre con la muerte[32].

5 Conclusión

Los discursos de resistencia mapuche-williche analizados demuestran tanto un éxito como un fracaso y poseen una genealogía que se arrastra desde el proceso de conquista de su territorio hasta la actualidad, como se ha podido apreciar en cartas privadas que buscaron tratar problemas entre ambas sociedades, en memoriales entregados a la máxima autoridad del estado chileno que presentaron públicamente denuncias y propuestas y en comunicados que buscaron hacer públicas demandas y acciones. Los mapuche-williche, siempre activos y preocupados de su propia situación, hablan desde su propio contexto y de forma ininterrumpida sobre su realidad. Más allá de la heroicidad que evoca la resistencia mapuche, desde ésta se han elaborado discursos que siempre los han mantenido presentes en el espacio público de la sociedad que busca su asimilación-inclusión, éxito sólo atribuible a la sociedad mapuche-williche. No es por leyes o la acción de un miembro ajeno a los mapuche-williche que el discurso de éstos —siempre en diálogo horizontal con quienes presumen el dominio— mantiene vigente sus demandas en el espacio público de la sociedad que controla sus antiguos territorios. Sin embargo, estos discursos —que constituyen una búsqueda de diálogo constante con los 'otros' que actúan como dominantes— no han permitido al mapuche salir de una situación de subalternidad. A pesar de la constante búsqueda del diálogo, desde el otro lado hay oídos sordos a la voz del mapuche-williche. El fracaso de estos discursos reside en que a su interlocutor no le interesan.

Los mapuche-williche han logrado mantener un discurso construido desde la resistencia y a favor de la autonomía que, sin embargo, al dirigirlo al estado chileno y a sus grupos dominantes no ha sido escuchado, ya que dichos interlocutores consideran al "indio" un subalterno sin voz que además representa un problema de seguridad nacional.

---

32 Mapuexpress 8 de octubre de 2013.

Anexo:

El *corpus* se conforma de las siguientes cartas:

- "Bernardo Kallfüngürü. Carta al Gobernador de Valdivia, Juan Clarke. Sin lugar, junio 7 de 1803". Archivo Nacional, Santiago de Chile. – Fondo Judicial Valdivia, legajo 4, pieza, en Pavez 2008: 119.
- "Francisco Kayumañke. Carta al Gobernador de Valdivia, Juan Clarke. Sin lugar, octubre de 1805". Archivo Franciscano Colegio de Chillán, Chillán. – Vol. 10, ff. 237v-238v, en Pavez 2008: 120–121.
- "Chañken. Carta al Gobernador de Valdivia, Juan Clarke. Valdivia, septiembre de 1806". Archivo Franciscano, Colegio de Chillán, Chillán. – Vol. 11, f. 114, en Pavez 2008: 122.
- "Wichulef (y) Santiago Awkangürü. Carta al Superintendente General de Valdivia. Valdivia, noviembre 26 de 1807". Archivo Nacional, Santiago de Chile. – Fondo Capitanía General, vol. 508, f. 248; Superintendencia General, Año 1808, Valdivia, n° 490, en Pavez 2008: 123.
- "Juan Felipe Wentekew. Carta al Intendente de la Provincia de Valdivia, Juan Francisco Adriasola. Sin lugar, abril 26 de 1849". Archivo Nacional, Santiago de Chile. – Ministerio del Interior, vol. 250, ff. 90–91, en Pavez 2008: 257–260.
- "Narciso Longkochino. Carta al Ministerio del Interior de la República de Chile. Santiago, enero 9 de 1861". Archivo Nacional, Santiago de Chile. – Ministerio del Interior, vol. 454, s/f., en Pavez 2008: 337.
- "Juan Llangkan, Andrés Lefigili, José María Wilim, José Diego Wilmañ, Tomás Pinke, Mariano Longkochino, Manuel Kurien, Juan Manuel Naykul. Carta al Gobernador del Departamento de La Unión. Sin lugar, circa agosto 30 de 1861". Archivo Nacional, Santiago de Chile. – Fondo Ministerio del Interior, vol. 454, s/f., en Pavez 2008: 361–362.
- "Camilo Katrüngürü. Carta a Cornelio Saavedra. Panguipulli, febrero 2 de 1870". Biblioteca de la Universidad de Concepción. – Sala Chile, Archivo de Cornelio Saavedra, caja 2, f. 29, en Pavez 2008: 471–472.
- "Luis Aburto Ayñanku, Adriano Waykimilla. Carta a Valentín Sayweke. San José (Mariquina), febrero 18 de 1880". Archivo General de la Nación, Buenos Aires. – Sala VII, Fondo Carranza, legajo 723, f. 397, en Pavez 2008: 732–733.
- "Juan Segundo Kewpul. Carta al Ministro de Relaciones Exteriores, Culto y Colonización de la República de Chile. Santiago de Chile, enero de 1893". Archivo Nacional, Santiago de Chile. Fondo Ministerio de Relaciones Exteriores, Culto y Colonización. – Solicitudes Particulares 1896, vol. 749, s.f., en Pavez 2008: 796.

- "Manuel Marikew. Carta al Ministro de Relaciones Exteriores, Culto y Colonización de la República de Chile. Santiago de Chile, junio 9 de 1896". Archivo Nacional, Santiago de Chile. Fondo Ministerio de Relaciones Exteriores, Culto y Colonización. Solicitudes Particulares, vol. 749, en Pavez 2008: 797.
- "Ramón Llangkapichun. Carta al Ministro de Relaciones Exteriores, Culto y Colonización de la República de Chile. Santiago de Chile, junio 9 de 1896". Archivo Nacional, Santiago de Chile. Fondo Ministerio de Relaciones Exteriores, Culto y Colonización. Solicitudes Particulares, vol. 749, s.f., en Pavez 2008: 799.
- "Joaquín Millanaw. Carta al Ministro de Relaciones Exteriores, Culto y Colonización de la República de Chile. Santiago de Chile, circa junio 9 de 1896". Archivo Nacional, Santiago de Chile. Fondo Ministerio de Relaciones Exteriores, Culto y Colonización. Solicitudes Particulares, vol. 749, s.f., en Pavez 2008: 801–802.

Bibliografía

Alcamán, Eugenio (2010): Memoriales mapuche-williches, territorios indígenas y propiedad particular (1793–1936). Osorno: CONADI.

Archila, Mauricio (2005): Voces subalternas e historia oral. En: Anuario Colombiano de Historia Social y de la Cultura Núm. 32: 293–308.

Benerjee, Ishita (2010): Historia, Historiografía y Estudios Subalternos. En: Istor. Revista de historia internacional Año 11, Núm. 41: 99–118.

Bengoa, José (2000): Historia del Pueblo Mapuche. Siglo XIX y XX. Santiago: Lom Editores.

Beverley, John (2002): Introducción. En: Beverley, John/Achúgar, Hugo (eds.): La voz del Otro. Guatemala: Revista Abrapalabras: 17–29.

Boccara, Guillaume (2009): Los vencedores. Historia del pueblo mapuche en la época colonial. San Pedro de Atacama/Santiago: Universidad Católica del Norte/Instituto de Investigaciones Arqueológicas y Museo/Ocho Libros Editores.

Brangier, Víctor (2012): Construcción de alteridades subalternas en los testimonios de viajes de Benjamín Vicuña Mackenna. Apuntes para una "lectura a contrapelo" en esta categoría de fuentes. En: Historia 396 Núm. 1: 35–65.

Bustos, Guillermo (2002): Enfoque subalterno e historia latinoamericana: nación, subalternidad y escritura de la historia en el debate Mallón-Beverley. En: Revista Fronteras de la Historia Núm. 7: 229–250.

Carillanca, Carolina (2010): Prensa y Población Huilliche: Construcción de la "Otredad" a través del discurso del diario La Prensa de Osorno 1930–1973. Osorno: Universidad de Los Lagos.

Citro, Silvia (2006): Tácticas de invisibilización y estrategias de resistencia de los mocoví santafesinos en el contexto postcolonial. En: Indiana Núm. 23: 139–170.

CNN-Chile (9 de enero de 2013): Subsecretario Ubilla: «Con absoluta propiedad, aquí estamos frente a grupo o grupos terroristas». En: CNN-Chile. URL: http://cnnchile.com/noticia/2013/01/09/subsecretario-ubilla-con-absoluta-propiedad-aqui-estamos-frente-a-grupo-o-grupos-terroristas [10.01.2013].

Comisión Verdad Histórica y Nuevo Trato con los Pueblos Indígenas (2009): Informe de la Comisión Verdad Histórica y Nuevo Trato con los Pueblos Indígenas. Santiago: Pehuén Editores/Biblioteca Bicentenario.

Díaz, Aurelio ([1907] 2005): Parlamentos de Coz Coz. Panguipulli: Comisión de Salud Intercultural/Corporación Municipal de Panguipulli/ División Salud.

Foerster, Rolf/Vergara, Jorge (2005): Hasta cuando el mundo sea… Los caciques huilliches en el siglo XX. En: Álvarez, Pilar/Forno, Amilcar (eds.): Fütawillimapu. Osorno: Universidad de Los Lagos/CONADI: 29–65.

Galindo, Gloria (2010): Los estudios subalternos, una teoría a contrapelo de la historia. En: Revista Humanas Núm. 2. URL: http://www.revistahumanas. org/gloria_artigo2.pdf [10.01.2013].

Guha, Ranahit (2002): Las voces de la historia y otros estudios subalternos. Barcelona: Editorial Crítica.

Guha, Ranahit (2011): La Muerte de Chandra. En: Rodríguez, Raúl (comp.): La (re)vuelta de los estudios subalternos. Una cartografía a (des)tiempo. San Pedro de Atacama/Providencia: Qillqa/Ocho Libros Editores: 94–126.

Herrera, Bernal (2009): Estudios subalternos en América Latina. En: Diálogos. Revista Digital de Historia Vol. 10, Núm. 2: 109–121.

Instituto de Investigación en Ciencias Sociales/Universidad Diego Portales (2013): Reconocimiento y discriminación al pueblo mapuche: ¿qué piensa la elite chilena? En: ICSO/UDP. URL: http://www.icso.cl/noticias/ reconocimiento-y-discriminacion-al-pueblo-mapuche-%C2%BFque-piensa-la-lite-chilena/ [25.12.2017].

Junta General Tratado de Paz o Parlamento de Las Canoas. 8 de Septiembre de 1793. En: Archivo Nacional (Chile), Archivo Vol. 223, Tomo 1 de Repoblación de Osorno: F. 23 a F 26.

Mallón, Florencia (2001): Promesa y dilema de los Estudios Subalternos: Perspectivas a partir de la historia latinoamericana. En: Rodríguez, Ileana (ed.): Convergencias de Tiempos. Estudios subalternos/contextos latinoamericanos. Estado, cultura, subalternidad. Ámsterdam: Rodopi: 117–154.

Mapuexpress (8 de octubre de 2013): El Consejo de Caciques de la provincia de Osorno: No permitiremos que en nuestro territorio se instalen las mineras y las centrales hidroeléctricas. En: Mapuexpress. URL: http://mapuexpress. org/el-consejo-de-caciques-de-la-provincia-de-osorno-permitiremos-que-en-nuestro-territorio-se-instalen-las-mineras-y-las-centrales-hidroelectricas/ [09.12.2013].

Marimán, Pablo/Caniuqueo, Sergio/Millalén, José/Levil, Rodrigo (2006): ¡…Escucha, winka…! Cuatro ensayos de Historia Nacional Mapuche y un epílogo sobre el futuro. Santiago: Lom Ediciones.

Mella, Eduardo (2007): Los mapuche ante la justicia. Santiago: LOM Ediciones/ Observatorio de Derechos de los Pueblos Indígenas.

Moreiras, Alberto (2000): Hegemonía y Subalternidad. En: Moraña, Mabel (ed.): Nuevas perspectivas desde/sobre América Latina: el desafío de los estudios culturales. Santiago: Editorial Cuarto Propio: 135–147.

Nahuelpán, Héctor/Huinca, Herson/Marimán, Pablo/Cárcamo, Luis/Mora, Maribel/Quidil, José/Antileo, Enrique/Curivil, Felipe/Huenul, Susana/Millalén, José/Calfio, Margarita/Pichinao, Jimena/Paillán, Elías/Cuyul, Andrés (2013): Ta iñ Fije Xipa Rakizuameluwün. Historia, colonialismo y resistencia desde el país Mapuche. Temuco: Ediciones Comunidad de Historia Mapuche.

Pairicán, Fernando (2014): Malón. La rebelión del movimiento mapuche. 1990–2013. Santiago: Pehuén Editores.

Pavez, Jorge (comp.) (2008): Cartas Mapuche: Siglo XIX. Santiago de Chile: CoLibris/Ocho Libros.

Pavez, Jorge (2012): Colonialismo chileno, censura fronteriza y ortogramas reaccionarios. Respuesta a Sergio Villalobos Rivera. En: Cuadernos de Historia Núm. 36: 119–136.

Perren, Joaquín (2010): Sectores subalternos y conflictividad social. Formas cotidianas de resistencia en el territorio nacional de Neuquén (1880–1930). En: Contribuciones a las Ciencias Sociales. URL: http://www.eumed.net/rev/cccss/09/jp.htm [31.12.2017].

Pilmaiquén Weichan (21 de febrero de 2013): La Resistencia Williche – Comunicado público. En: Pilmaiquén Weichan. URL: http://weichanpilmaiquen.blogspot.com/2013/02/la-resistencia-williche-comunicado.html [22.02.2013].

Pinto, Jorge (2003): De la inclusión a la exclusión. La formación del Estado, la nación y el pueblo mapuche. Santiago: Colección Idea/USACH.

Publicación Refractario (10 de febrero de 2013): Río Bueno. 6 comuneros detenidos y encarcelados por incendio en Pisu Pisue. En: Publicación Refractario. URL: http://publicacionrefractario.wordpress.com/2013/02/10/rio-bueno-6-comuneros-detenidos-y-encarcelados-por-incendio-en-fundo-pisu-pisue-comunicado-publico-de-familiares-de-francisco-facundo-jones-huala/ [10.02.2013].

Rabasa, José (2010): Espiritualidades revolucionarias en Chiapas: Historia inmanente y marco comparativo de los Estudios Subalternos. En: Cuadernos de Literatura Vol. 14, Núm. 28: 260–287.

Rodríguez, Ileana (1998): Hegemonía y dominio: subalternidad, un significado flotante. En: Castro-Gómez, Santiago/Mendieta, Eduardo (eds.): Teorías sin disciplina (latinoamericanismo, poscolonialidad y globalización en debate). México: Miguel Ángel Porrúa: 101–120.

Rodríguez, Raúl (comp.) (2011): La (re)vuelta de los estudios subalternos. Una cartografía a (des)tiempo. San Pedro de Atacama/Providencia: Qillqa/Ocho Libros Editores.

Rufer, Mario (2010): La temporalidad como política: nación, formas de pasado y perspectivas poscoloniales. En: Memoria Social Núm. 14: 11–31.

Salomón, Claudia (2011): Procesos de subalternización de la población indígena en Argentina: los ranqueles en La Pampa, 1870–1970. En: Revista de Indias Vol. LXXI, Núm. 252: 545–570.

Spivak, Gayatri (1997): Estudios de la subalternidad: deconstruyendo la historiografía. En: Rivera, Silvia/Barragán, Rossana (eds.): Debates Post Coloniales: Una introducción a los Estudios de la Subalternidad. La Paz: SEPHIS/Ediciones Aruwiyiri/Editorial Historias: 247–278.

Spivak, Gayatri (1998): ¿Puede hablar el subalterno? En: Orbis Tertius Año 6, Núm. III: 1–44. URL: http://www.orbistertius.unlp.edu.ar/numeros/numero-6/traduccion/spivak [27.12.2017].

Spivak, Gayatri (2010): Crítica de la razón poscolonial. Hacia una historia del presente evanescente. Madrid: Akal.

Tricot, Tito (2013): Autonomía. El movimiento Mapuche de Resistencia. Santiago: CEIBO.

Villalobos, Sergio (1997): El avance de la historia fronteriza. En: Revista de Historia Indígena Núm. 2: 5–20.

Hans Fernández

Sebastián Englert y las
Tradiciones de la Isla de Pascua (1939): misión capuchina – ciencia – movimiento

Abstract: In 20th century Chile, German Capuchin Sebastián Englert researched Mapu-dungun as well as the language, ethnology, and literature of indigenous Easter Islanders. This article examines the intersections among the Capuchin mission, science, and move-ment from the perspective of Englert and his *Tradiciones de la Isla de Pascua*.

1 Misión capuchina

Con el propósito de construir una nación moderna, homogénea culturalmente y una sociedad orientada por principios cristianos y europeos, el Estado chileno solicitó al Vaticano a fines del siglo XIX el envío de misioneros que "civilizasen" a los "bárbaros" que habitaban las tierras sureñas de su territorio. El Vaticano, consciente de sus labores geopolíticas en beneficio de la humanidad, envió en 1896 a la orden de los capuchinos de Baviera, quienes contribuirían a "civilizar" y a integrar al proyecto de nación chilena a los mapuches, indígenas que represen-taban un real estorbo para la construcción de una sociedad guiada por modelos europeos progresistas.

La evangelización era concebida, pues, por el Estado como el mejor camino para acabar con la barbarie y el paganismo que asolaban al país del Cono Sur de América, mientras que para los habitantes autóctonos de su territorio tal propó-sito representaba meramente la destrucción cultural.

Durante el siglo XIX tuvieron lugar en Chile y en América Latina las luchas por la liberación del yugo español que fueron guiadas por criollos que se nutrie-ron de los ideales proporcionados por la Ilustración europea. Este grupo de crio-llos buscaba la autonomía política de la Corona española y al mismo tiempo construir un diseño de sociedades latinoamericanas que favoreciera a su grupo cultural, cuya ideología se orientaba por modelos eurocéntricos y esencialmente excluía de su proyecto nacional a indígenas, negros y pardos. Por lo tanto, la llegada de los capuchinos bávaros a Chile se asienta sobre un proceso de con-formación de una sociedad cuyo ideal de convivencia era marcadamente exclu-yente. Los criollos construyeron una nación donde la convivencia era pensada exclusivamente para los intereses de su grupo étnico-social.

Los religiosos oriundos de Baviera, se pensaba, reforzarían este proceso y conducirían al país a su total civilización, aniquilando —como correspondía a los propósitos indirectos de su misión— la cultura mapuche. En general, fueron cuatro los ámbitos sobre los cuales se concentró la labor de los capuchinos bávaros: 1) difundir la palabra de Cristo entre mapuches, 2) enseñar a éstos las primeras letras y actividades laborales como carpintería, agricultura y apicultura, 3) asesorarlos en temas relativos a las en aquella época frecuentes usurpaciones de tierras, y 4) concentrarse en el aprendizaje e investigación de la lengua mapuche, lo que finalmente conllevó el desentrañamiento de las particularidades cosmovisivas de esta cultura y el estudio científico de su lengua.

2 Sebastián Englert

La misión capuchina no se estableció únicamente en la zona de la Araucanía, donde gracias a la figura del padre Félix de Augusta se desarrolló una vasta producción científica concerniente sobre todo a la filología y etnología mapuches. Entre las principales obras producidas en la Araucanía cuentan la *Gramática Araucana* (1903), las *Lecturas Araucanas* (1910) y el *Diccionario araucano-español y español-araucano* (1916) de Augusta, así como también el conocido testimonio *Pascual Coña* (1930) y la *Botánica Indígena* (1955) de Ernesto de Moesbach[1]. En términos generales, es posible afirmar que durante esta etapa de consolidación la misión bávara produce un copioso archivo sobre los saberes vitales, del mundo y sobre el idioma de los mapuches. Es un conocimiento muy amplio y profundo el que los religiosos logran recopilar acerca de los "bárbaros" a quienes debían destruir, producción científica que en su época contó con el reconocimiento de importantes figuras de la investigación tales como Rodolfo Lenz, Robert Lehmann-Nitsche o Thor Heyerdahl. La misión, sin embargo, no se mantiene estática en la Araucanía, sino que también en cuanto proyecto de evangelización y científico se ramifica a la Isla de Pascua gracias a la labor llevada a cabo por el capuchino Sebastián Englert.

Sebastián Englert (1888–1969) nació en Dillingen an der Donau y llegó a la Araucanía en 1922. Debido al prestigio cada vez más creciente que desde el sur de Chile ganaba con sus investigaciones lingüísticas, la Universidad de Santiago lo envía como investigador en el año 1935 a la Isla de Pascua, donde se

---

1   Para un análisis exhaustivo de *Pascual Coña* véase Foote 2012 y para el trabajo botánico de Moesbach Fernández 2018.

transformaría en su primer sacerdote[2]. Los aportes realizados por Englert desde y sobre la Isla de Pascua en el área tanto de la lingüística como de la recolección de literatura autóctona son fundamentales. Antes de consagrarse por completo a la investigación insular, en su estadía en la Araucanía había demostrado profundo interés no sólo por la lengua mapudungun, sino también por otros idiomas sudamericanos tales como el quechua, el aimara o el cunza a los cuales comparaba entre sí y/o con idiomas europeos. En esta etapa formativa en materia de filología sudamericana el pensamiento de Englert puede ser considerado como esencialmente etno y eurocéntrico[3].

Los textos principales que el reverendo produjo durante su permanencia en la isla en relación con la filología, etnología e historia de la evangelización de ésta son los siguientes: *Diccionario Rapanui-Español* (1938), *Tradiciones de la Isla de Pascua* (1939), *La tierra de Hotu Matu'a* (1948) y *Primer siglo cristiano de la Isla de Pascua* (1964). Estas publicaciones abarcan, como lo evidencian sus títulos, el espectro de las áreas de investigación que el padre Englert cubrió durante su estadía en el territorio polinésico chileno.

3 El leprosario y las *Tradiciones de la Isla de Pascua*

Michel Foucault ha escrito en *Surveiller et punir* ([1975] 1982), específicamente en relación con el panoptismo, acerca de los peligros de la peste y de la necesidad de aislar a los contagiados del resto de la población: "Au fond des schémas disciplinaires l'image de la peste vaut pour toutes les confusions, et les désordres; tout comme l'image de la lèpre, du contact à trancher, est au fond des schémas d'exclusion"[4]. Por consiguiente, el pensador francés identifica a apestados y leprosos como el origen de los procedimientos sociales excluyentes.

El leprosario de la Isla de Pascua es el lugar donde se conservan los saberes tradicionales en forma más pura, es decir, constituye un archivo protector de saberes culturales al cual recurre el reverendo monje de Dillingen para sus investigaciones. El lazareto deviene así instancia productiva en la elaboración de las *Tradiciones de la Isla de Pascua* (1939). Como se minimiza el contacto con el mundo exterior, la transculturación de los saberes en este lugar es reducida. De este modo, la exclusión a la que alude Foucault resulta a fin de cuentas productiva en el contexto del leprosario pascuense.

---

2 Holzbauer 2006: 491, Riedl 1996: 43.
3 Fernández 2015.
4 Foucault [1975] 1982: 200.

Según se anuncia en la portada del libro, la publicación de las *Tradiciones de la Isla de Pascua* se enmarca dentro del proyecto investigativo llevado a cabo en la isla por la Universidad de Chile y del cual Englert fue uno de los principales investigadores, inclusive en la portada interna del texto es presentado como "misionero capuchino" y "miembro de la comisión de estudios sobre la Isla de Pascua".

Las narraciones contenidas en las *Tradiciones de la Isla de Pascua* (que abarcan en lo esencial temas míticos e históricos, cuyos límites en ocasiones se confunden) se refieren a la antropogonía, cosmogonía y al poblamiento de la isla. En concreto, los relatos que comprende esta obra —hoy, por lo demás, de muy difícil acceso— se titulan de la siguiente manera: "Makemake – Génesis", "Un antiguo cataclismo", "Ngata Vake, primer habitante", "Ngata Vake y Te Ohiro, primeros habitantes", "Historia de Hotu Matu'a", "Nuku Kehu, el arquitecto de Hotu Matu'a", "Los moai-toromiro del Ariki Tu'u Ko Iho", "Los «hanau eepe»", "El trabajo de los moai ma'ea y su caída", "La caída de los moai ma'ea", "El primer barco extranjero que llega a Rapanui". De estos textos el de mayor extensión es el referido a la historia del rey Hotu Matu'a, en el cual se pone el acento en los desplazamientos efectuados por el monarca y su gente desde su tierra de origen hasta la Isla de Pascua (va un espíritu, luego exploradores, enseguida el rey). Es decir, de acuerdo con este relato mítico-histórico el poblamiento de la isla fue llevado a cabo por migrantes polinésicos. De esta manera, queda claro que no sólo el contexto de producción de las *Tradiciones de la Isla de Pascua* está marcado fuertemente por el dinamismo, sino también a nivel temático hay una escenificación del movimiento como origen de la población pascuense.

Por su parte, la representación que en las *Tradiciones de la Isla de Pascua* se hace de la isla es fundamentalmente como un territorio transcultural: las particularidades culturales de su población serían resultado no sólo de oleadas de inmigrantes polinésicos (el archipiélago y la tierra de origen (Maori, Hiva) se hundieron, y quienes poblaron la Isla de Pascua huyeron de una devastación), sino también del contacto con navegantes europeos.

En el prólogo de la obra, Sebastián Englert ofrece una aclaración con respecto a las condiciones de producción de las *Tradiciones de la Isla de Pascua*: "Al prolongarse nuestra estada en la Isla de Pascua por más tiempo del que hubiéramos esperado y deseado, tuvimos la oportunidad de hacer una cosecha de textos que parecen tener valor para la dilucidación del problema que ofrece la isla"[5]. Tal

---

5   Englert 1939: 1.

problema se refiere, claro está, a los orígenes inciertos de la isla y de sus habitantes que las narraciones recopiladas procuran iluminar.

A partir de las consideraciones expuestas resulta evidente, pues, que Sebastián Englert fue guiado no sólo por su fe cristiana a la Isla de Pascua, sino también por un afán científico e igualmente por un espíritu expedicionario. De hecho, en lo que concierne a este último aspecto es reveladora la manera de referirse a su querida isla —en la que hoy descansan sus huesos y donde un museo antropológico lleva su nombre— como "[...] este puñado de tierra, perdido en la inmensidad del Pacífico"[6], consideración que probablemente haya fungido como un aliciente más al momento de embarcarse en la empresa polinésica.

En la "Introducción" del texto, Englert observa con relación al propósito de ofrecer una publicación de las por él denominadas "tradiciones" de Rapanui lo siguiente:

> No había sido intención original nuestra la de dedicarnos a la recolección de tradiciones de Rapanui, porque creíamos que este era un campo explotado ya suficientemente por otros. Pero la experiencia nos enseñó que ir en busca de los auténticos y originales textos de las tradiciones de un pueblo es una labor mucho más fructífera y segura que oír contar estas tradiciones en otro idioma —en este caso en idioma español— que los nativos hablan con dificultad y deficiente noción de los términos más comunes. Hasta el momento nadie ha hecho publicaciones de tradiciones en el idioma original[7].

Por lo tanto, el mérito que el reverendo ve en las *Tradiciones de la Isla de Pascua* radica en el hecho de presentarlas en rapanui (el idioma vernáculo de la isla), si bien en realidad se trata de una publicación bilingüe rapanui-español a doble columna. Asimismo Englert entiende como "tradición" la literatura oral de Isla de Pascua, la que incluye mitos, leyendas y relatos de larga data, muchos de ellos basados en sucesos históricos que aún perviven en la memoria de los isleños: "Estamos seguros de que en estos textos, así como en todos los mitos y tradiciones de pueblos primitivos, hay un fondo de realidad histórica que puede servir de guía al investigador"[8].

Vinculado con los propósitos que persigue mediante la publicación de los relatos, Englert revela su intención rescatista ante la amenaza de pérdida de la literatura oral "tradicional" isleña:

> Una feliz casualidad nos ha proporcionado, durante uno de los meses pasados, el texto original de una antigua tradición y desde ese momento ha sido nuestra preocupación

---

6   *Ibid.*
7   Englert 1939: 5.
8   *Ibid.* 6.

constante coleccionar todo el acervo de tradiciones antiguas que se encuentra todavía en la isla, y apuntarlo con la mayor pureza e integridad posibles. Preservar del inminente olvido los últimos restos de una valiosa tradición — ¡he aquí el fin de esta obra![9]

Su consideración relativa a los procesos de hibridación que sufría la isla durante su estancia también la ha hecho notar en relación con el idioma rapanui. Deja constancia del contacto lingüístico del rapanui con el tahitiano e idiomas europeos, los que han transformado radicalmente la lengua vernácula en relación con su estado previo a los contactos. Lo mueve, pues, una intención de salvar elementos que él estimaba privativos de la cultura pascuense. Por lo tanto, en su pensamiento filológico se encuentra presente una concepción purista y rescatista que atañe tanto a la lengua como a la cultura de la Isla de Pascua[10].

A Englert lo estimula un interés purista con respecto no sólo a la lengua, sino también a la literatura de la isla. Es, pues, precisamente dicha visión la que lo conduce al leprosario al encuentro con sus narradores:

> Felizmente nuestro amigo e incansable colaborador, Mateo Veriveri, en su afán de suministrarnos textos auténticos de tradiciones, nos puso en contacto con el mejor y, sin exageración, único conocedor de las antiguas tradiciones y que vive en aquella parte donde no sospecharíamos encontrar un tesoro literario — en la leprosería[11].

El aislamiento es la instancia de exclusión que corta el contacto con el mundo, impide la hibridación y protege las formas puras de los relatos. Los leprosos están en el lazareto para no contagiar a los del exterior y al mismo tiempo protegen el patrimonio narrativo autóctono del contagio con otras formas culturales. Asimismo, debido al aburrimiento, la separación del mundo impulsa la práctica narrativa:

> [Mateo Veriveri] [n]os propuso la idea de ir a la leprosería para consultar a *Arturo Teao*. Este se había trasladado ahí cuando, muy joven aún, fué atacado por la terrible enfermedad. En ese mismo tiempo tuvieron que aislarse en ese recinto también unos dos o tres ancianos. Con ellos fueron algunos más que no estaban enfermos pero que no querían separarse de sus compañeros. Esos hombres ancianos gustaban mucho de contar antiguas tradiciones y cuentos. Los hombres jóvenes que viven en el pueblo de Hangaroa no tenían tanto interés de escuchar a "los viejos", como los llaman. "Los viejos siempre nos contaban, pero nosotros no teníamos interés", nos decían frecuentemente. Pero allá, en esa soledad de la leprosería, donde no hay ninguna distracción, ni de fiestas, ni de

---

9   *Ibid.* 5–6.
10 Sobre la conciencia del rescate en el pensamiento de Sebastián Englert manifestada en otros de sus trabajos véase Fernández 2015.
11 Englert 1939: 6.

paseos, ni de pesca, ni de trabajo siquiera, esos viejos que no encontraron un auditorio muy atento en el pueblo, tuvieron un discípulo, un oyente atento en Arturo Teao.
[…] En [l]a veracidad de Arturo Teao y en el contacto que tenía con "los viejos" en el aislamiento de la leprosería, está el valor de sus relaciones[12].

Arturo Teao se transforma, pues, en el principal informante-colaborador del padre Englert, en cuyo método de trabajo constituye su principal fuente, mientras los otros narradores cumplen una función ancilar: complementar alguna historia, o bien las de éstos son contrastadas y validadas por el relato directriz de Teao. Todos sus colaboradores, hablantes nativos de rapanui, son quienes le proporcionan los relatos y le ayudan a interpretar aspectos para él ininteligibles de éstos. Aunque, sin duda, Teao era la joya que Englert descubrió en el lazareto.

En el prólogo de *Idioma Rapanui* (1978) —firmado, no obstante, en 1968—, Englert dedica un apartado a resaltar la importancia que él otorga a sus colaboradores. Entre éstos destaca, en primer lugar, a Arturo Teao Tori, respecto al cual afirma: "Desde su juventud vivió aislado en la soledad del leprosario donde de boca de pacientes ancianos oyó las antiguas y más auténticas versiones de tradiciones y leyendas"[13], es decir, el aporte de Teao fue central para el trabajo literario de Englert. Por otro lado, enfatiza la ayuda recibida de Mateo Veriveri, sobre quien señala: "Se distingue por su conocimiento del resto de las antiguas voces del idioma rapanui"[14], por lo tanto, este colaborador fue, a su vez, de capital importancia para su investigación lingüística.

Sobre las condiciones de producción de las *Tradiciones de la Isla de Pascua* y sobre la valoración del producto final, resultan elocuentes las propias percepciones de Sebastián Englert: "El sacrificio que imponía el trabajo de escribir horas y horas en ese ambiente de miseria humana, en un lugar insano, sin comodidad e infestado por la plaga de las moscas, nos parece copiosamente compensado por el resultado obtenido"[15].

4 Polifonía y Polinesia

Como fue dicho, Sebastián Englert recurre a diferentes narradores, principalmente a los que se encuentran en el leprosario. Estos narradores introducen sus relatos señalando que ellos los oyeron de otros relatores, quienes, a su vez —naturalmente—, también los escucharon de otros. Por lo tanto, la base de las

---

12 *Ibid.* 6–7.
13 Englert 1978: 12.
14 *Ibid.* 13.
15 Englert 1939: 7.

narraciones contenidas en las *Tradiciones de la Isla de Pascua* es la polifonía. Se puede pensar, entonces, en la existencia de diferentes instancias o islas narrativas vinculadas por un hilo conductor que sería la intención rescatista de Englert, la cual, por su parte, es resultado del dinamismo de las misiones capuchinas en Chile.

Considerando que la literatura es esencialmente una actividad antropocéntrica que —siguiendo las reflexiones de Ottmar Ette (2010, 2012)— almacena saberes relativos al despliegue del ser humano en diferentes épocas y espacios, es posible suponer que esta suerte de archipelización de la narración en las *Tradiciones de la Isla de Pascua* se produce debido a que los "conocimientos sobre la vida y la convivencia"[16] en la Isla de Pascua son, a causa de factores históricos, en lo esencial discontinuos.

Los narradores leprosos ponen en escena una archipelización de la literatura y del saber sobre la Isla de Pascua. Así, las *Tradiciones de la Isla de Pascua* se constituyen fundamentalmente como una gruesa narración archipélica sobre saberes polinésicos que tiene una base en procedimientos narrativos polifónicos. Se construye, pues, a partir del trabajo colectivo de Englert y sus colaboradores un interdiscurso polinésico-bávaro profundo y discontinuo, resultado de las relaciones "transareales"[17] entre Baviera, la Araucanía y la Polinesia.

5 Misiones en movimiento

Sebastián Englert —tal cual lo delata la hispanización de su nombre mediante el tilde agregado a éste— tuvo una vida marcada por el dinamismo, lo cual es reflejo igualmente de las características de la misión capuchina en Chile. Englert se desplazó desde Dillingen (sur de Alemania) a la Arcaucanía (sur de Chile), y enseguida desde esta región a la Isla de Pascua, desde la cual regresó en ocasiones donde sus hermanos de orden que permanecieron en el territorio continental chileno. Finalmente, el religioso falleció durante un viaje de conferencias en Estados Unidos.

Sebastián Englert hizo del dinamismo una forma de vida: no solamente llevó a cabo desplazamientos geográficos (entre continentes, entre áreas culturales, de norte a sur, de sur a sur[18]), sino también movimientos entre idiomas, razón

---

16 Ette 2010.
17 *Ibid.* 2012.
18 Cabe resaltar la presencia de una 'sureñidad' en Sebastián Englert y en toda la obra capuchina: los reverendos se desplazan desde el sur de Alemania al Cono Sur de América. Es necesario sondear este rasgo, especificar particularidades de ambas regiones

por la cual su figura puso en contacto lugares, lenguas e ideas. En este sentido se debe recalcar que los movimientos de Englert no son unidireccionales, sino que además de tener lugar en diferentes direcciones, vuelven sobre las coreografías anteriormente desplegadas. Es reveladora, así, la siguiente fotografía datada en 1956 en la cual el religioso oriundo de Dillingen aparece junto al joven isleño Felipe Pakarati en la ciudad sureña de San José de la Mariquina[19]:

Ilustración 1: Imagen extraída de Buschkühl 1988: 73

Por lo tanto, a través de la vinculación que Englert llevó a cabo de diferentes áreas culturales representa una figura cuya vida y obra están marcadas esencialmente por la transarealidad; mientras que el movimiento, a su vez, constituye el factor que posibilita la existencia de las misiones, las dota de productividad y las conduce finalmente a la consecución de saberes.

---

así como nexos y diferencias, con el propósito de establecer cómo este tipo de desplazamiento en particular gatilla la producción de determinados saberes.

19 Buschkühl 1988: 74.

Por otra parte, la movilidad de Englert se relaciona con el deseo expansionista de la modernidad europea: de hecho, el religioso encarna la expansión del cristianismo y de la investigación etnográfico-filológica de territorios inexplorados. Los movimientos de la misión capuchina forman parte de un proyecto geopolítico y, a su vez, la recopilación de literatura y la investigación científica son parte del conocimiento sobre los nuevos territorios a integrar en el imperio del cristianismo. Por lo tanto, dicho afán de colonización religiosa unido a la ciencia resulta en última instancia sumamente productivo. Si bien Englert deja constancia de que el idioma rapanui ya no se habla puro debido a los contactos culturales ocasionados por la modernidad, su llegada a la Araucanía y a la Isla de Pascua forma parte igualmente de este mismo proceso. Es decir, mientras, por un lado, la modernidad ocasiona que los contactos culturales entre pascuenses, tahitianos, europeos e hispanohablantes modifiquen el idioma rapanui, por otro lado, existe el deseo de la modernidad encarnado en la figura proteccionista de Englert de construir un archivo lingüístico-literario que permita imaginar cómo era la situación previa al contacto. Que la Isla de Pascua no haya permanecido aislada, que se haya archipelizado, y que sea parte, como consecuencia natural, de procesos de transculturación, es sin duda signo de la modernidad:

El lenguaje que usaban los nativos de antaño se ha perdido ya en gran parte, y lo que aún queda está en vias de perderse porque la población nativa de hoy habla un idioma moderno en que hay mucha mezcla de palabras tahitianas y de lenguas europeas. Muchas de las palabras y expresiones antiguas han quedado fuera de uso; personas de edad conocen todavía su significado, pero la nueva generación lo desconoce, así como ignora también el patrimonio de tradiciones, leyendas y cuentos de sus antepasados. Debemos salvar para la ciencia lo que en pocos decenios más quedará irreparablemente perdido a causa de la modernización de la vida[20].

Esta "filología del rescate"[21] sería paradojalmente fruto de la conciencia del poder destructivo de la modernidad por parte del religioso. Englert y su obra representan una instancia de autorreflexividad de la modernidad en América Latina. Como fue señalado al inicio, la intervención cultural de los capuchinos es solicitada por el Estado chileno como resultado de un proceso que ya se había iniciado con los criollos, quienes durante el siglo XIX recurrieron a los aportes ideológicos que les proporcionaba la Ilustración para la construcción de naciones modernas. En este sentido, cabe recordar que Max Horkheimer y Theodor

20 Englert 1978: 10–11.
21 Fernández 2015.

W. Adorno en *Dialektik der Aufklärung* ([1944] 1988) han hecho hincapié precisamente en los aspectos nocivos de la Ilustración y de la razón humana.

Tradiciones de la Isla de Pascua puede ser considerada como la obra literaria capital de Englert (en ella pone en práctica un conocimiento maduro en torno al trabajo con idiomas y literaturas indígenas) y como la culminación del proyecto filológico mismo de las misiones capuchinas en territorio chileno. Por lo tanto, en cuanto saber derivado de la actividad de misiones y de ciencia en movimiento, la literatura oral recogida y editada por Sebastián Englert representa la conclusión de un proyecto que, en primera instancia, aspiró a destruir culturas autóctonas del territorio continental chileno, y que luego, no obstante, se esmera en rescatar aquellas voces polinésicas que se encuentran al borde de la desaparición. De esta forma, la presencia y el trabajo filológico del reverendo de Dillingen pone en escena las dos caras de la modernidad: una que destruye y otra que rescata saberes, y que además produce conciencia autorreflexiva.

Bibliografía

Augusta, Félix José de (1903): Gramática Araucana. Valdivia: Imprenta Central J. Lampert.

Augusta, Félix José de (1910): Lecturas araucanas (narraciones, costumbres, cuentos, canciones, etc.). Valdivia: Imprenta de la Prefectura Apostólica. Con la cooperación de Fray Sigifredo de Frauenhaeusl.

Augusta, Félix José de (1916): Diccionario araucano–español y español–araucano. Santiago de Chile: Imprenta Universitaria.

Buschkühl, Matthias (1988): Missionsgeschichte der Osterinsel. Pater Sebastian Englert O.F.M. Cap. (1888–1969) zum 100. Geburtstag. Ausstellung Dezember 1988-März 1989. Eichstätt: Schriften der Universitätsbibliothek Eichstätt. Ausstellung und Katalog.

Englert, Sebastián (1938): Diccionario Rapanui-Español. Redactado en la Isla de Pascua. Santiago: Prensas de la Universidad de Chile.

Englert, Sebastián (1939): Tradiciones de la Isla de Pascua. En idioma rapanui y castellano. Padre Las Casas: Imprenta "San Francisco". Publicaciones de la Comisión de Estudios sobre la Isla de Pascua. Universidad de Chile.

Englert, Sebastián (1948): La tierra de Hotu Matu'a. Historia, etnología y lengua de la Isla de Pascua. Padre Las Casas: Imprenta y Edit. "San Francisco".

Englert, Sebastián (1964): Primer siglo cristiano de la Isla de Pascua. 1864–1964. Santiago: Escuela Lito-Tipográfica Salesiana "La Gratitud Nacional".

Englert, Sebastián (1978): Idioma Rapanui. Gramática y diccionario del antiguo idioma de la Isla de Pascua. Santiago: Ediciones de la Universidad de Chile.

Ette, Ottmar (2010): ZusammenLebensWissen. List, Last und Lust literarischer Konvivenz im globalen Maßstab (ÜberLebenswissen III). Berlin: Kulturverlag Kadmos.

Ette, Ottmar (2012): TransArea. Eine literarische Globalisierungsgeschichte. Berlin/Boston: Walter de Gruyter.

Fernández, Hans (2015): Von Bayern gen Polynesien: Bewegungen und Zusammenleben in der Philologie des Kapuziners Sebastián Englert. En: Quo Vadis Romania? Zeitschrift für eine aktuelle Romanistik. Entstehung von Sprachen 45: 101–115. URL: http://www.univie.ac.at/QVR-Romanistik/wp-content/uploads/2015/07/QVR-45-Fernandez-Varium.pdf [12.12.2016].

Fernández, Hans (2018): Saberes medioambientales mapuches en la obra del capuchino bávaro Ernesto de Moesbach. En: Schmidt, Elmar/Wehrheim, Monika (eds.): Discursos ambientales en América Latina.

Perspectivas históricas y contemporáneas entre localidad y globalidad. Göttingen: Vandenhoeck & Ruprecht (en prensa).

Foote, Susan A. (2012): Pascual Coña: Historias de sobrevivientes. La voz en la letra y la letra en la voz. Concepción: Editorial Universidad de Concepción.

Foucault, Michel ([1975] 1982): Surveiller et punir. Naissance de la prison. Paris: Éditions Gallimard.

Holzbauer, Hermann (2006): Datos biográficos de los misioneros capuchinos de Baviera. I. Padres. II. Hermanos. En: Arellano Hoffmann, Carmen/Holzbauer, Hermann/Kramer, Roswitha (eds.): En la Araucanía. El Padre Sigifredo de Frauenhäusl y el parlamento mapuche de Coz Coz de 1907. Frankfurt am Main/Madrid: Vervuert/Iberoamericana: 473–498.

Horkheimer, Max/Adorno, Theodor W. ([1944] 1988): Dialektik der Aufklärung. Philosophische Fragmente. Frankfurt am Main: Fischer Taschenbuch Verlag.

Moesbach, Ernesto Wilhelm de ([1930] 2006): Lonco Pascual Coña ñi tuculpazugun. Testimonio de un cacique mapuche. Santiago de Chile: Pehuén Editores.

Moesbach, Ernesto Wilhelm de ([1955] 1992): Botánica indígena de Chile. Santiago de Chile: Museo Chileno de Arte Precolombino/Fundación Andes/ Editorial Andrés Bello. Prólogo y Edición de Carlos Aldunate y Carolina Villagrán.

Riedl, Luis Beltrán (1996): El Padre Sebastián Englert, rey sin corona de la Isla de Pascua. En: Kohut, Karl (ed.): Sebastián Englert. Primer siglo cristiano de la Isla de Pascua. 1864–1964. Frankfurt am Main/Madrid: Vervuert/ Iberoamericana: 41–44.

Scott DeVries

Sobre cerdos ciegos y perros hambrientos: análisis fauna-crítico de textos indigenistas hispanoamericanos

Abstract: This article analyzes *Raza de bronce* by Álcides Arguedas and *Los perros hambrientos* by Ciro Alegría from a fauna-critical approach. I find that while Arguedas's novel emphasizes ethical treatment, Alegría's text moves beyond ethics toward epistemology through the focalization of canine perspectives.

1 Introducción

El antropólogo Claude Lévi-Strauss empleaba la idea del nahual de los indígenas norte- y mesoamericanos como herramienta de su articulación del estructuralismo antropológico para el análisis de la mitología. El uso de este concepto para su análisis etnológico se volvió familiar entre los estudiosos de la antropología, la sociología, la filosofía y la literatura de mediados del siglo XX. De este modo, la idea totémica de la correspondencia psíquica entre animales y humanos en las culturas indígenas americanas enfatizaba la importancia del animal dentro de éstas. Dicha importancia se evidencia al examinar el *corpus* de la literatura latinoamericana indigenista y encontrar en ella numerosas representaciones de los animales: desde los textos más tempranos en los cuales éstas eran bastante negativas y representaban el anhelo de evitar o escapar de las tierras de indígenas (como en *La cautiva* (1837) de Esteban Echeverría) hasta el énfasis puesto en la importancia de la unión animal/humano en textos más recientes (como en *Me llamo Rigoberta Menchú y así me nació la conciencia* (1983) —el testimonio grabado de Menchú y enseguida editado para su publicación por la venezolana Elizabeth Burgos Debray— o en *Los caminos de Paxil* (1990) del guatemalteco Arturo Arias). La representación de los animales en la historia de la literatura hispanoamericana manifiesta su alcance particularmente en los textos indigenistas. A continuación exploraré el rol que desempeñan los animales en dos novelas canónicas de esta corriente literaria: *Raza de bronce* (1919) del boliviano Álcides Arguedas y *Los perros hambrientos* del peruano Ciro Alegría (1939). El análisis asume la perspectiva de los "estudios de animales" y examina la representación ética en estos textos a partir de tres tendencias: tradicional, radical y fauna-crítica. Así, desde estos enfoques se examinan las novelas de Arguedas y Alegría y se discuten las maneras en que éstas expresan y anticipan algunas de las ideas clave de los estudios de animales históricos y de los hasta ahora vigentes.

2 Los estudios de animales

Previo al análisis de las dos novelas indicadas, vale la pena aludir a los acercamientos teóricos que se pueden emplear para el análisis de los animales en la literatura en general. Se puede hacer referencia al análisis ético de los animales, cuyas raíces se extienden hasta los antiguos griegos, tales como Pitágoras, Euclides, Teofrasto, Plutarco y Porfirio. Enseguida se pueden mencionar como representantes de la historia de la filosofía que consideraban a los animales como merecedores éticos del deber humano a Montaigne, Bentham y Heidegger, y más recientemente el filósofo australiano Peter Singer ha articulado la cuestión del animal en términos filosóficos del utilitarismo, contexto en el cual afirma:

> our present treatment of animals is based on speciesism, that is, a bias or prejudice towards members of our own species, and against members of other species. [...] All sentient beings have interests, and we should give equal consideration to their interests, irrespective of whether they are members of our species or of another species[1].

Por otra parte, Tom Regan ha planteado la idea de los animales como portadores de derechos:

> Because the relevant similarity shared by humans who have inherent value is that we are *subjects-of-a-life* and because the nonhuman animals who concern us are like us in that they, too, are subjects-of-a-life; and because relevantly similar cases should be judged similarly; it follows that these nonhuman animals also possess inherent value. [And] all those who possess inherent value possess the equal right to be treated with respect, it follows that all those human beings *and* all those animal beings who possess inherent value share the equal right to respectful treatment[2].

Tanto Singer como Regan —y de igual forma quienes sostienen posiciones utilitaristas y/o de derechos— suelen ser considerados los teóricos de los "estudios tradicionales de animales" (*ETAA*). Sin embargo, en otra esfera de análisis se puede hacer referencia a los "estudios críticos de animales" (*ECAA*), cuyo énfasis es otro.

---

1   Singer 2007: 29.
2   Regan 2003: 64. Todas las cursivas contenidas en las citas del presente trabajo provienen de la fuente original.

En primer lugar, algunos estudiosos y activistas de los *ECAA* critican las posiciones más tradicionales. Así, desde una actitud crítica hacia quienes afirman la importancia de asignarles derechos a los animales, Matthew Calarco indica:

> there is a peculiar irony at work when animal rights theorists and animal liberationists employ classical humanist and anthropocentric criteria to argue for granting animals certain rights or protecting them from suffering, for *it is these very criteria that have served historically to justify violence toward animals*[3].

A su vez, Akira Mizuta Lippit enfatiza la debilidad de categorías absolutas tales como las de "humano" y "animal":

> When the burden of survival lessened, human beings began to develop an awareness of themselves and to recognize the animal as a foreign being. Humanity began to constitute itself within a world of human differences, and subsequently, the animal was metamorphosed into an other creature[4].

En cuanto al problema de esta separación, Giorgio Agamben ha observado que "man is the being which recognizes itself as such, that *man is the animal that must recognize itself as human to be human*"[5], mientras que Jacques Derrida ha indicado que "animal" es una palabra que "men have instituted, a name they have given themselves the right and the authority to give to the living other"[6]. Por consiguiente, el énfasis de esta esfera consiste en rechazar una jerarquía en la cual los humanos asumen la posición de asignar derechos o de definir y separar concluyentemente las categorías de "animal" y "humano". Tal rechazo niega el concepto de "perfeccionismo" (según el cual la conciencia humana es la más perfecta) y afirma alternativamente que la conciencia humana es más bien una entre varias. Los "estudios *críticos* de animales" (*ECAA*) derivan su nombre a consecuencia de la "crítica" que efectúan a las posiciones ya establecidas. Así, se articula una posición crítica al utilitarismo de Singer y a la idea de derechos de Regan y se afirma la necesidad de abandonar la suposición del "perfeccionismo" humano a favor de una postura de humildad frente a los no-humanos. Según este punto de vista más radical, la experiencia humana no debe ser pensada como un sitio de superioridad desde el cual asignar derechos a los seres no humanos, sino más bien es preciso adoptar una posición no-jerárquica tanto en cuanto a la valorización de los animales humanos y no humanos como en cuanto

---

3   Calarco 2008: 128.
4   Lippit 2000: 18.
5   Agamben 2004: 26.
6   Derrida 2008: 23.

a la cuestión respecto a quién está debidamente equipado para primeramente otorgar derechos.

3 La fauna-crítica

Considerando la divergencia entre los estudios tradicionales y los radicales de animales, propongo un nuevo acercamiento analítico a los textos en los cuales los animales constituyen elementos importantes de la representación literaria: la "fauna-crítica". Divido este tipo de análisis en seis tendencias. En primer lugar, se puede usar la literatura para continuar y desarrollar los debates existentes en los estudios de animales tradicionales y críticos tomando en cuenta las ideas provenientes de los textos literarios con el fin de avanzar los debates acerca de temas controversiales, tales como el que discuto al final de la sección previa (el estatus de los animales como portadores de derechos versus la complicación del estatus de los humanos como quienes indebidamente se arrogan la capacidad de por sí de otorgar derechos[7]). Asimismo existen cuatro roles de la fauna-crítica en relación a la literatura: reforma del canon, reevaluación de la historia literaria, identificación de los textos relevantes en cuanto a la ética animal y reevaluación de los textos canónicos referentes a la ética animal. Tales funciones procuran no sólo utilizar las ideas de los estudios de animales con el propósito de reconsiderar la historia de la literatura y de examinar su *corpus* (la totalidad de los textos escritos) desde el cual se fijó un canon (los textos dentro del *corpus* que deben ser leídos), sino también identificar temas asociados con la ética y los animales tanto en textos poco conocidos como en los canónicos. La sexta tendencia radica en el intento de desarrollar por medio de la literatura ideas críticas y éticas con respecto a los animales, aspecto a partir del cual se pretende articular la literatura —a diferencia de los tratados tradicionales de filosofía, los ensayos o los textos no-ficticios— como lugar particularmente apropiado desde el cual desarrollar las ideas de los *ETAA* y/o las de los *ECAA*.

---

7   Dichos debates tienen lugar típicamente en espacios discursivos no ficticios (artículos de revistas científicas o monografías académicas), aunque también se los puede encontrar en *Black Beauty* (1877) de la inglesa Anna Sewell o en *El moro* (1897) del colombiano José Manuel Marroquín, novelas en las cuales se desarrollan como ejes conceptuales no sólo los derechos de los caballos y su manejo por parte de los humanos, sino también la identidad animalesca de aquéllos.

4 Sobre cerdos ciegos y perros hambrientos

Previo al siglo veinte es posible destacar la defensa bastante desarrollada de los indígenas americanos en los escritos contemporáneos a la Conquista del sacerdote español Bartolomé de las Casas. Luego, de la segunda mitad del siglo diecinueve se pueden mencionar varios textos que enfatizan la temática indígena, tales como *Una excursión a los indios ranqueles* (1870) del argentino Lucio V. Mansilla, *Cumandá* (1877) del ecuatoriano Juan León Mera, *Tabaré* (1888) del uruguayo Juan Zorrilla de San Martín, *Enriquillo* (1892) del dominicano Manuel de Jesús Galván y *Aves sin nido* (1889) de la peruana Clorinda Matto de Turner. En esta última novela el género indigenista empieza a asumir un perfil que cuajará tres décadas después con la publicación de *Raza de bronce* (1919) del boliviano Alcides Arguedas. El género incluye como elementos constituyentes una comunidad indígena resentida y explotada por hacendados blancos dominantes y un acto de abuso o violación que desata un levantamiento. En *Raza de bronce* el hijo del hacendado, Pablo Pantoja, y sus amigos violan a la joven aymara Wata Wara. Esta violencia provoca el alzamiento de la comunidad indígena que quema la hacienda y a sus residentes blancos, lo cual conlleva una violenta represalia militar por parte de las autoridades regionales y/o nacionales, las que aseguran los intereses de la clase dominante. Tal es el patrón trágico y típico del *corpus* indigenista de la primera mitad del siglo veinte. En particular la novela boliviana de Alcides Arguedas no sólo contextualiza la historia literaria del género, sino que también incluye episodios en los cuales los animales funcionan como elementos centrales de la narración. Se puede caracterizar la novela por su uso permanente de una imagen alegórica: los abusos de los hacendados funcionan como ilustración de todo un sistema de sometimiento de los aymara por parte de la clase dominante. No obstante, en dos ocasiones la narración hace hincapié en la falta de carácter moral de personajes como Pantoja al describir su crueldad para con los pájaros y los cerdos. Descripciones de este tipo en *Raza de bronce* expresan tanta empatía hacia el sufrimiento animal que la novela llega a convertirse en una protoexpresión de ciertas ideas de los *ETAA* e incluso de las posiciones más radicales de los *ECAA*.

Suárez, un "amigo" de Pantoja por compartir las mismas esferas sociales dentro de la aristocracia económica boliviana, se distingue de los demás miembros de su clase al expresar su preocupación por el bienestar de los animales de la región del Lago Titicaca en donde se desarrollan los sucesos de la novela. Acompaña a Pantoja y a otros "amigos" en una excursión de caza de patos puna del lago, pero no los mata como los demás. Al ver que los patos yacen muertos y amontonados en cantidades incontables, pronuncia el tipo de discurso característico del género y además expresa su preocupación particular por lo que han sufrido los animales y la ecología de la región:

> Fue el último en llegar y encontró a sus amigos refiriéndose los variados incidentes con que habían tropezado en su cacería. Cada uno traía en el fondo de su balsa los sangrientos despojos de centenares de aves que habrían de pudrirse o servir de alimento a los perros del administrador, porque en la casa de hacienda todos estaban hartos hasta las náuseas con la carne de los patos con sabor de légamo. [...]
>
> [...] Ante el exterminio cobarde e inútil sublevóse el alma de Suárez y no pudo ocultar su despecho y contrariedad. Aquello era bárbaro y estúpido. Bueno que se matase por necesidad. [...] Pero matar por sólo matar; matar y matar por decenas y centenas; matar por gusto; matar instintivamente en todo tiempo, como hacían todos los que iban al lago, le parecía un abominable salvajismo[8].

La condena incondicional del salvajismo, de la barbarie y la brutalidad y de lo estúpido de la muerte innecesaria de centenares de pájaros marca el enfoque de la narración citada, y no solamente debido a la crueldad en sí de la caza de patos, sino también a causa de la amenaza que representa este tipo de acción motivada por el mero placer de matar o por el consumismo ilimitado. En consecuencia, Suárez saca conclusiones relacionadas con los demás animales de la región:

> Los peces se van haciendo cada día más raros, porque también se los coge todo el año, sin respetar el período de la incubación, y hay variedades casi extintas, como la del suche. [...] En nuestras regiones montañosas han desaparecido las garzas, por codicia de los aigrettes, para sombreros femeninos; en las cordilleras altas ha desaparecido la chinchilla, porque a nadie se le ocurrió ver una ingente riqueza en la crianza de la delicada bestezuela; en las pampas arrimadas a la cordillera van desapareciendo las vicuñas y los avestruces con la cosecha de las nidadas que se hacen en todo tiempo. Aquí, en el lago, ya lo ven: quedan pocas aves y pocos peces y dudo que en veinte años más se pueda hallar algunos, siquiera para muestra. Y todo esto significa dinero que se pierde y se va sin retorno, definitivamente. Y bastaran unas cuantas leyes y un poco de dinero en primas de protección para salvar del naufragio un caudal inagotable[9].

Lo que de verdad da miedo es el hecho de que las profecías de Suárez incorporadas en el espacio ficcional de la novela se han cumplido: todas las especies mencionadas están en peligro de extinción o bien extintas. La única excepción es la garza que desde la publicación de *Raza de bronce* se ha recuperado debido tanto al cambio de la moda del sombrero femenino como a leyes proteccionistas similares a las propuestas al final de la cita que se aprobaron en Bolivia a mediados del siglo XX.

---

8 Arguedas 1919: 292–293.
9 *Ibid.* 294.

El hecho de que Suárez afirme las consideraciones financieras como parte de su defensa de posibles leyes conservacionistas es característico de las prioridades del desarrollo de una nación relativamente joven como lo era Bolivia a principios del siglo XX. La idea de que un animal pudiera representar algo del valor no instrumental, simplemente no cabía dentro de los discursos éticos de la novela de Arguedas. No obstante, la preocupación por el bien de los animales no sólo está vinculada con el desarrollo económico compatible con el mantenimiento responsable de la pesquería o la buena crianza de las chinchillas. Así, en un episodio particularmente horripilante la crueldad para con los animales se condena incondicionalmente. Suárez está otra vez con sus "amigos" de la hacienda y uno de ellos (Troche) le explica por qué la carne de cerdo que se produce allí es siempre tan rica:

> — Están ciegos —repuso Troche, asentando una patada en la cabeza de uno de los cochinos, que se había separado del grupo y lanzó un corto gruñido de dolor.
> — ¿Ciegos? ¿Y por qué? ¿Cómo es eso?
> — De intento. Para que engorden más.
>
> Suárez hizo un gesto de repulsa.
>
> — ¡Pero eso es una crueldad! ¡Horrible!
>
> Troche se encogió de hombros, sin comprender que pudiera tacharse de crueldad una simple operación en las bestias, que no tienen alma. […]
>
> — ¿Y cómo hacen para cegarlos?
> — Se les hunde en los ojos un clavo caliente…
> — ¡Brr! —hizo Suárez, horrorizado, y se tapó los ojos[10].

En este pasaje los cerdos ciegos están tan desorientados que no hacen más que quedarse en el comedero para alimentarse. La falta de movimiento produce, al procesar la carne del animal, más grasa. Los mataderos modernos ocasionan el mismo efecto al introducir en un espacio muy reducido (denominado "cajas de gestación") una cantidad de cerdos que incluso no pueden dar la vuelta. La crueldad de este tipo de encarcelamiento se vuelve particularmente insoportable para los cerdos, animales de naturaleza típicamente gregaria. Del mismo modo resulta inicuo el cegarles de forma intencional para mejorar la calidad y el sabor de su carne. Sin embargo, lo más chocante radica en la imagen del clavo ardiente introducido en la cavidad de un ojo vivo. El propósito literario de este episodio consiste en condenar de forma absoluta el tipo de personas representado por

---

10 *Ibid.* 306–307.

Pantoja y sus amigos, de modo tal que mientras más villanos sean los atormen-
tadores de la comunidad indígena, más justificado resultará el levantamiento en
contra de la autoridad de la hacienda. En este sentido se puede considerar lo indicado por Marc R. Fellenz: "the proscription against *cruelty* to animals—perhaps
the most widely accepted judgement in the recent debate over animals—
condemns not just a type of action, but more fundamentally a despicable trait
of *character*"[11]. La representación de caracteres negativos constituye el discurso
explícito de la novela, y en este contexto la crueldad en el trato con los animales apoya la postura de que los hacendados que actúan salvajemente hacia los
no-humanos deben ser censurados.

Igualmente se puede interpretar de otra manera la representación de la brutalidad sufrida por cerdos y pájaros. Anat Pick en su estudio *Creaturely Poetics* afirma que "when it comes to animals, power operates with the fewest of
obstacles. Thus animals constitute an exemplary 'state of exception' of species
sovereignty"[12]. Tal estado de excepción es caracterizado por la autora como "vulnerabilidad", condición que ofrece "a fundamental challenge to liberal humanism,
both in terms of the rejection of the notion of rights and in a radical critique of
subjectivity"[13]. El razonamiento de Pick consiste en que la vulnerabilidad representa una categoría que, debido a constituir un desafío tanto a los criterios típi-
cos de la ética como a los de la epistemología, no se integra cómodamente en
el registro de la filosofía, por lo cual concluye que "a new register is required,
which complements, but also keeps philosophy in check"[14]. Considerando que la
novela de Alcides Arguedas en cuanto literatura indigenista pertenece al registro
de la ficción, cabe señalar que los autores de esta corriente estética reconocieron
bastante temprano que la vulnerabilidad de las sociedades indígenas —como la
aymara en Bolivia— ante los caprichos de los hacendados sólo era expresable
de manera efectiva mediante textos literarios. Así, la inclusión del padecimiento
animal en *Raza de bronce* sigue —aunque no fuera la intención de Arguedas—
este mismo razonamiento. Por consiguiente, aun si el propósito del novelista
consistía en efectuar un comentario crítico-social de las falencias de un sistema
de clase basado en las identidades indígena/no-indígena en Bolivia, un acercamiento fauna-crítico revela que la representación de la vulnerabilidad animal en
su obra literaria anticipa las críticas realizadas a los *ETAA* debido a su excesiva

---

11 Fellenz 2007: 98.
12 Pick 2011: 15.
13 *Ibid*. 15–16.
14 *Ibid*. 17.

dependencia de la subjetividad humana como modelo ejemplar, tal como la que caracteriza el acercamiento analítico de los *ECAA*.

Luego de Alcides Arguedas las convenciones del indigenismo empiezan a solidificarse con la publicación de la clásica novela *Huasipungo* (1934) del ecuatoriano Jorge Icaza, la que —como varios textos canónicos del género— no contiene mucho en cuanto a la representación ética de los animales. Sin embargo, dentro del *corpus* de textos indigenistas *Los perros hambrientos* (1939) del peruano Ciro Alegría figura como un título para el cual el análisis fauna-crítico resulta más apropiado. Junto con Jorge Icaza, Alegría debe ser mencionado dentro de los autores indigenistas más notables del siglo XX. Su obra más (re) conocida tal vez sea *El mundo es ancho y ajeno* (1941), no obstante el discurso ético en relación con los animales resulta más dominante en *Los perros hambrientos*, novela sobre la vida de una comunidad indígena de la sierra peruana cuya narración focaliza intensamente la experiencia canina al interior de esta comunidad. La estrategia retórica de la novela de Alegría es similar a la de *Raza de bronce*. Mientras en la novela boliviana la barbarie de la clase hacendada se expresa tanto en su trato hacia los indígenas que trabajan en y viven cerca del latifundio como en su tendencia hacia el mal reforzada por la crueldad hacia los animales, en la novela peruana el sufrimiento de los perros pastores que viven entre los indígenas constituye una alegoría de la experiencia de la comunidad indígena en general. A primera vista esta novela pareciera exhibir ciertos rasgos comunes con narraciones típicas de la literatura en lengua inglesa documentadas por Laura Brown y Michelle Superle en las cuales la raza canina se articula en base a su habilidad protectora de niños[15] y a su tendencia a ser representada como "benevolent, helping creatures"[16]. Sin embargo, los perros de la novela de Alegría también cumplen una función alegórica, tal como en el siguiente pasaje en el cual se hace referencia a su herencia genética mezclada:

> ¿Raza? No hablemos de ella. Tan mezclada como la del hombre peruano. [...] Su catadura podría emparentarlos con el zorro, pero sin duda alguna, se han cruzado con el viejo alco familiar al incanato. Esta especie de perro, a la que se juzga desaparecida, seguramente late aún en el can de hoy, mestizo como su dueño, el hombre[17].

Esta conexión íntima entre los perros y sus compañeros humanos se destaca a lo largo de la novela por medio del énfasis en el sufrimiento, el hambre, el encarcelamiento y el abuso en general que experimentan los animales como

---

15 Brown 2010: 133.
16 Superle 2012: 175.
17 Alegría 1996: 141.

característico de lo que acontece en las comunidades indígenas con las que están relacionados. En lugar de funcionar aparte de la comunidad humana en cuanto criaturas dignas de admiración o bien en lugar de rescatar a los humanos como seres benevolentes y serviciales, los perros en la novela de Alegría sufren codo a codo con los humanos con quienes conviven. Este último aspecto es importante en cuanto a la función de *Los perros hambrientos* como novela indigenista, ya que permite focalizar gran parte de la narración desde la perspectiva de los personajes perros.

Uno de los canes —cuya experiencia funciona como eje de la narración— es Güeso, animal criado en una familia de pastores pobres y humildes. Tras convertirse en un perro pastor capaz, los vaqueros Blas y Julián lo quieren para su uso propio. Cuando Güeso se niega a ir con ellos, lo azotan hasta hacerlo rendir:

> El Blas alzó el látigo, que tenía mango de palo, y lo dejó caer sobre Güeso. Zumbó y estalló, aunque con un ruido opaco debido al abundante pelambre. La culebra de cuero se ciñó a su cuerpo en un surco ardoroso y candente, punzándole al mismo tiempo con una vibración que le llegó hasta el cerebro como si fueran mil espinas. Repitióse el golpe una y otra vez, en tanto que Julián jalaba de la soga. […]
>
> […] Y el látigo se levantó y cayó sobre el cuerpo tembloroso, zumbando y estallando rítmicamente. Güeso sintió que sus carnes le ardían. Se puso de pie para huir, mas sólo consiguió hacerse de un lado, pues la soga lo retuvo. […]
>
> […] Y Güeso, rendido, entregado a una dolorosa y sangrante renuncia, con la respiración corta, el cuerpo ardoroso y la cabeza en llamas, comenzó a caminar. Un hilo de sangre tibia le resbalaba por una pierna.
>
> Descubrió que era terco e implacable el hombre[18].

El discurso ético de la novela indigenista intenta comunicar el sufrimiento de la comunidad indígena con el propósito de señalar la injusticia del abuso al que está sujeta y con la esperanza de que como resultado algo cambie. La estrategia de Alegría en esta novela consiste en narrar desde el punto de vista de los perros pastores para así representar las varias maneras en que las comunidades indígenas sufren bajo el dominio de mestizos y ladinos peruanos. Pero además de la defensa de las comunidades indígenas humanas, la focalización de la experiencia canina sustenta la idea del deber humano para con los animales —si la novela se lee desde la perspectiva de los *ETAA*— y altera la expresión demasiado facilista de las categorías "humano" y "animal" —si en cambio se la lee a partir de los *ECAA*. Así, cuando en el pasaje recién citado Güeso descubre que los humanos son "tercos e implacables", de seguro que Alegría tenía en mente una alegoría de este tipo de tratamiento como típico del que sufrían los indígenas. Igualmente

---

18 *Ibid.* 163.

si la novela es leída desde la perspectiva del análisis fauna-crítico —o si se la lee simplemente de manera literal— se encuentra que el abuso del animal constituye un discurso central en *Los perros hambrientos*. El lenguaje es tan poderoso y las imágenes son tan impactantes que la respuesta emocional por parte del lector no puede ser otra que buscar la justicia para cualquier ser vivo que padezca tal tratamiento.

En una guía de estilo diseñada para eliminar las tendencias al especismo[19] en el lenguaje, Joan Dunayer indica que la representación discursiva de los no-humanos debe considerar un registro idiomático que emplee "vivid description of particular nonhumans and their experiences to help readers or listeners visualize their situation and empathize"[20], que la representación del pensamiento y del sentimiento de seres no-humanos incluya "strong words for intense nonhuman feelings"[21] y que en cuanto al abuso especista se utilicen "equally strong words for human and nonhuman suffering and death"[22]. Las imágenes de la novela de Alegría satisfacen todos estos requisitos, pues no resta importancia a la experiencia de Güeso al ser azotado, sino que describe toda la intensidad del tormento del animal ("un surco ardoroso y candente", "un dolor comparado a "mil espinas"" y la descripción de "sus carnes [que] le ardían"). El pasaje citado no es el único de este tipo en *Los perros hambrientos*, y en este sentido mediante la alegoría del sufrimiento animal la novela de Alegría señala otras instancias de sufrimiento de las comunidades indígenas. Así, en un episodio notable un grupo de perros montaraces intenta, con el propósito de poder comer, cruzar un área cercada al lado de la cual hay una milpa, sin embargo una trampa machaca a uno de los canes. Pese a ello, los demás logran pasar y comer elotes hasta que llegan humanos armados con escopetas y les disparan a dos perros: "Los sobrevivientes no volvieron más por la chacra de maíz. La vida continuó seca y parca. Deplorando ausencias definitivas y estomacales angustias, el aullido de los perros era más triste todavía"[23].

---

19 El "especismo" consiste en la tendencia a preferir intereses, identidad y/o supuesta superioridad de una especie (normalmente la humana) sobre otras. Singer desarrolla su razonamiento filosófico utilitarista en defensa de los animales en base a una crítica del especismo, que —como ya fue citado— definió en cuanto "prejudice towards members of our own species, and against members of other species" (2007: 29).

20 Dunayer 2001: 179.

21 *Ibid.* 181.

22 *Ibid.* 184.

23 Alegría 1996: 187.

La idea de la propiedad privada ilustrada a través de la milpa cercada ha sido desde el principio objeto de la crítica indigenista. El concepto de una posesión "privada" opera sobre tierras tradicionalmente de indígenas con derecho a ellas por vía generacional desde la época prehispánica. Sin embargo, en la novela los descendientes de aquellos indígenas ya no tienen un acceso completo a ellas debido al uso de cercas y al poder de la fuerza bruta por parte de los latifundistas representado en este caso por las escopetas. Los perros matados en el episodio citado representan la relación poderoso/víctima en cuanto a la injusticia de negarles acceso a los indígenas a tierras que antes habían sido suyas durante generaciones. Pero el deseo del buen trato a los animales (no asesinar a perros que sólo buscan comer para sobrevivir) permanece como un elemento central del pasaje citado. En otro momento de la novela que ilustra el mismo concepto, una sequía afecta en la sierra tanto a humanos como a animales:

> Hombres y animales, en medio de la tristeza gris de los campos, vagaban apocados y cansinos. Parecían más enjutos que los árboles, más miserables que las yerbas retorcidas, más pequeños que los guijarros calcinados. Sólo sus ojos, frente a la neta negación del cielo esplendoroso, mostraban un dolor en el que latía una dramática grandeza. Tremaba en ellos la agonía. Eran los ojos de la vida que no quería morir[24].

En este episodio la novela enfatiza otra vez la conexión entre la vida humana y la animal como una relación íntima propia del contexto de la literatura indigenista. Hombres y animales sufren la escasez del agua, el hambre y el dolor de la carencia. Hay soluciones obvias: los hacendados podrían distribuir la cosecha entre los hambrientos en vez de venderla, pero no lo hacen. Aquí surge una de las críticas fundamentales del indigenismo: los modelos económicos del libre mercado, de la propiedad privada y de la acumulación del capital no toman en cuenta el sufrimiento de las comunidades indígenas. La novela critica fuertemente un arreglo económico en el que la ganancia representa la principal meta a pesar de que algunos no tengan qué comer o beber con las inevitables sequías que harán escasear los alimentos y el agua. En este contexto *Los perros hambrientos* constituye una novela particularmente idónea para el análisis fauna-crítico debido a la manera en que la miseria de los perros sedientos a consecuencia de la sequía se emplea como alegoría del mal más generalizado que padece la comunidad indígena. Si bien el sufrimiento de la sequía es experimentado de igual forma por hombres y animales, la representación del padecimiento perruno trasciende la alegoría.

---

24 *Ibid.* 230.

Para la investigación literaria la interpretación alegórica de la novela ha sido durante largo tiempo la estándar[25]. No obstante, en sus últimos capítulos hay momentos en que el sufrimiento de los perros es exclusivamente animal, es decir, la alegoría no puede funcionar cuando el padecimiento de la comunidad indígena y el de los perros difieren tanto. La circunstancia de experimentar la escasez entre los perros es categóricamente distinta de esa misma experiencia por parte de los humanos:

> El sol matinal encontraba a los perros hambrientos en las lomas. Se calentaban en medio de quejas y babas. Wanka había parido y trataba de alimentar a sus cuatro hijos, dejándose mamar resignadamente. Los cachorros, entecos y moviéndose con contorsiones de larvas, parecía que le succionaban la sangre.
> Entrado el día, comenzaban a deambular. Los otrora ágiles canes nativos, con sangre de alco en las venas, apenas caminaban ya. Semejaban una rara armazón de huesos con un forro de revueltas lanas. […]
> […] Llegada la noche, tornaba el coro trágico a estremecer la puna. Los aullidos se iniciaban cortando el silencio como espadas. Luego se confundían formando una vasta queja interminable. El viento pretendía alejarla, pero la queja nacía y se elevaba una y otra vez de mil fauces desoladas[26].

En este pasaje interpretar el sufrimiento animal como alegoría de la situación de la comunidad indígena resulta algo forzado. Así, la representación de amamantar a los cachorros como una experiencia similar a tener garrapatas que succionan la sangre de la madre difiere bastante de la experiencia típica de lactancia entre los humanos. Considerando que normalmente la especie humana da a luz una sola cría y a menos que tenga lugar una situación poco común (hambruna u otra interrupción del suministro de satisfacción de las necesidades más básicas para la supervivencia humana), las madres típicamente no sacrifican su propia salud para alimentar a un recién nacido. El aullar como reacción ante la falta de comida es también bastante diferente a la conducta humana. Los hombres que padecen la escasez de comida pocas veces gastan energía en alzar la voz para quejarse de esta carencia. Los aullidos de los perros, en cambio, son una respuesta típica de esta especie al pasar hambre.

La representación de los perros en este fragmento de la novela dista de ser una alegoría del sufrimiento de las comunidades indígenas humanas y por esta razón pone de relieve a la población canina en cuanto tal y las consideraciones éticas aplicables únicamente en este contexto. En su análisis de lo que denomina "the absent referent"[27], Carol J. Adams observa que las palabras convencionalmente

---

25 Meléndez 1941: 226–228.
26 Alegría 1996: 259–260.
27 Adams 1990: 45.

referidas a los animales parecieran desaparecer al usar una terminología com-
pletamente distinta cuando se alude a la conversión de sus cuerpos en carne
comestible por humanos. Así, las gallinas ya no son gallinas, sino "pollo" o las
vacas y los toros se transforman en "bistec". En este sentido, la autora precisa: "in
analyzing the oppression of human beings, the oppression of animals ought not
to be ignored. However, the absent referent, because of its absence, prevents
our experiencing connections between oppressed groups"[28]. A diferencia de lo
observado por Adams en cuanto a las conexiones ocultas entre comunidades
oprimidas por el fenómeno del referido ausente, la novela de Alegría visibiliza el
sufrimiento de los perros como representativo del de los grupos indígenas y así
afirma la conexión entre sus opresiones. Sin embargo, lo que deseo relievar es el
hecho de que *Los perros hambrientos* también afirma la identidad propia de los
perros dentro de los parámetros de su propia experiencia. En este sentido, cabe
considerar la siguiente reflexión de Marian Stamp Dawkins:

> Much of our behavior towards other people is […] based on the unverifiable belief that
> they have subjective experiences at least somewhat like our own. It seems a reasonable
> belief to hold.
> Then we come to the boundary of our own species. No longer do we have words. No
> longer do we have the high degree of similarity of anatomy, physiology and behavior.
> But that is no reason to assume that they are any more locked inside their skins than are
> members of our own species[29].

Teniendo en cuenta que incluso los humanos que realmente observan de cerca
a los animales encuentran difícil comprender la experiencia subjetiva del no-
humano, lo que un texto ficticio como *Los perros hambrientos* puede hacer es
ofrecer al lector a través de la focalización narrativa la posibilidad de dar un
vistazo a la sicología animal. Stamp Dawkins igualmente indica que uno de
los propósitos de los estudios de animales consiste en "to set down the sorts of
things we should be finding out if we really want to know whether other animals are suffering or not"[30], y documenta una serie de experimentos científicos de cuestionable moralidad que emplean ratas, gallinas, cerdos, peces y otras
especies no-humanas para determinar su reacción frente a estímulos desagra-
dables y concluyen en la obviedad de que a los animales les desagrada experimentar sensaciones dolorosas. *Los perros hambrientos* de Ciro Alegría procura
llegar a la misma conclusión no a través de bárbaros experimentos de dudosa

---

28 *Ibid.* 45.
29 Stamp Dawkins 1985: 27–28.
30 *Ibid.* 28.

ética, sino mediante las posibilidades transcendentales de la ficción narrativa. Aunque quizás la representación literaria —y probablemente sólo ella cuando se trata de experiencias atípicas o simplemente imposibles para los humanos— no sea tan rigurosa como los experimentos mencionados por Stamp Dawkins, ésta nos acerca al punto de vista de los perros haciéndonos comprender lo que es dejarse mamar con resignación o experimentar tanta hambre que no queda más remedio que aullar para poder expresar la desesperación. Y se arriba a la misma conclusión: se reconocen los intereses por parte de los animales de evitar el sufrimiento. Pero la literatura también posibilita algo más: "it impels humans to draw conclusions about the interests of animals in avoiding suffering and, more radically, it can afford us the possibility to perceive certain unique qualities that characterize nonhuman beings"[31], es decir, nos abre el camino para poder captar con simpatía los rasgos no-humanos, especialmente cuando éstos no forman parte de la experiencia humana.

---

31 DeVries 2016: 251.

Bibliografía

Adams, Carol J. (1990): The Sexual Politics of Meat: A Feminist-Vegetarian Critical Theory. New York: Continuum.

Agamben, Giorgio (2004): The Open: Man and Animal. Stanford: Stanford University Press.

Alegría, Ciro (1996): Los perros hambrientos. Madrid: Cátedra.

Arguedas, Alcides (1919): Raza de bronce. La Paz: González y Medina.

Brown, Laura (2010): Homeless Dogs and Melancholy Apes: Humans and Other Animals in the Modern Literary Imagination. Ithaca: Cornell University Press.

Calarco, Matthew (2008): Zoographies: The Animal Question from Heidegger to Derrida. New York: Columbia University Press.

Derrida, Jacques (2008): The Animal That Therefore I Am. New York: Fordham University Press. Translated by David Wills.

DeVries, Scott (2016): Creature Discomfort: Fauna-criticism, Ethics, and the Representation of Animals in Spanish American Literature. Leiden: Brill.

Dunayer, Joan (2001): Animal Equality: Language and Liberation. Derwood, MD: Ryce Publishing.

Fellenz, Marc R. (2007): The Moral Menagerie: Philosophy and Moral Rights. Chicago: The University of Illinois Press.

Lippit, Akira Mizuta (2000): Electric Animal: Toward a Rhetoric of Wildlife. Minneapolis: University of Minnesota Press.

Meléndez, Concha (1941): Review of Los perros hambrientos, by Ciro Alegría. En: Revista Iberoamericana 3: 226–228.

Pick, Anat (2011): Creaturely Poetics: Animality and Vulnerability in Literature and Film. New York: Columbia University Press.

Regan, Tom (2003): Animal Rights, Human Wrongs: An Introduction to Moral Philosophy. Lanham, MD: Rowman and Littlefield.

Singer, Peter (2007): Ethics, Animals and Nature. En: Li, Hon-Lam/Young, Anthony (eds.): New Essays in Applied Ethics: Animal Rights, Personhood and the Ethics of Killing. New York: Palgrave MacMillan: 29–41.

Stamp Dawkins, Marian (1985): The Scientific Basis for Assessing Suffering in Animals. En: Singer, Peter (ed.): In Defense of Animals. New York: Basil Blackwell: 27–40.

Superle, Michelle (2012): Animal Heroes and Transforming Substances: Canine Characters in Contemporary Children's Literature. En: Gross, Aaron/Vallely, Anne (eds.): Animals and the Human Imagination: A Companion to Animal Studies. New York: Columbia University Press: 174–202.

Carla Sagástegui

Aquí está nuestra agua: el diálogo intercultural durante la realización de un documental sobre la limpia de acequia de la comunidad de Sacsamarca

Abstract: This article focuses on the various interlocutor's perceptions of narration and time in the intercultural dialogue which took place while editing a documentary film on the Sacsamarca community's collective cleaning of ditches. The exchange took place between members of the community and college students who made the film.

•••

"Nos vemos pobres" —comentó un comunero de Sacsamarca al terminar de ver una versión preliminar del documental *Kayqayá yakuchanchik - Sacsamarcapa yarqa aspiynin/Aquí está nuestra agua - Limpia de acequia de Sacsamarca*[1] sobre cómo celebran tan grande faena. "En tiempos de nuestros abuelos —prosiguió— todos se vestían elegantes y participaba toda la comunidad, nadie faltaba".

La limpia de acequia constituye la celebración ritual que acompaña la faena de los comuneros usuarios para mantener limpios los principales canales de regadío de sus tierras desde la bocatoma principal (lugar sagrado) hasta la capilla del santo patrono, donde se come, bebe, baila y juega tras haber concluido la labor colectiva.

El presente artículo trata sobre el diálogo intercultural que surgió tras presentar la propuesta del documental que sintetizaba cuatro días de fiesta y de trabajo comunal de la comunidad de Sacsamarca en una hora. El documental había sido solicitado por la Junta Directiva de la comunidad a la *Dirección Académica de Responsabilidad Social Universitaria* de la Pontificia Universidad Católica del Perú. Esta dirección tiene como objetivo desarrollar en cada disciplina de la universidad conocimiento académico que integre prácticas y necesidades de comunidades y culturas históricamente discriminadas en el Perú y, de este modo, establecer una relación horizontal, de mutuo aprendizaje, provocadora de una ciudadanía más empática, capaz de manifestar sus afectos y de integrarlos a

---

1 La versión final del documental puede verse en Deontología de Lingüística y Literatura 2017.

la producción académica. Tal es el marco en el que un equipo de investigación constituido por estudiantes y una docente de literatura de la Facultad de Letras y Ciencias Humanas nos embarcamos en el reto de responder al pedido de la comunidad y así integrar la comprensión de una literatura oral y performativa, quechua y ritual a los estudios de la especialidad.

La comunidad de Sacsamarca, herida por el conflicto armado interno que golpeó a toda la región de Ayacucho y muchas otras entre 1982 y 1995, pidió en el año 2013 que la universidad la apoyase en la recuperación y registro de su patrimonio cultural, pues consideraba que necesitaban reconocerse y ser reconocidos más allá de su rol como víctimas del conflicto. Podemos afirmar que esta comunidad, como muchas otras, no hubiera existido en el imaginario nacional si el *Informe final* de la Comisión De La Verdad y Reconciliación (2003) no la hubiese descrito como un caso emblemático. De este modo, meses después, elaboramos la propuesta de filmar un documental sobre la limpia de acequia y otro sobre el *Corpus Christi*. Debían ser filmadas por tratarse de arte verbal y conocimiento ritual, y de todas las fiestas de la comunidad seleccionamos éstas por encontrarse vinculadas a las prácticas productivas y simbólicas de la comunidad que son desconocidas y así poder incorporarlas, acompañadas de material didáctico, a las materias estudiadas en la escuela secundaria y al diseño curricular nacional. De esta manera, podríamos estudiar y difundir una literatura no separada de una relación directa entre una performación colectiva y la naturaleza, aquella que Mijail Bajtín (1989) y Northrop Frye (1991) consideran la matriz primordial del arte simbólico. La consecuencia inmediata fue repreguntarse, en medio del clásico debate de las fronteras de la disciplina misma, por los límites de las representaciones discursivas culturales. Autores como Antonio Cornejo Polar (1994) y Martin Lienhard (1992) han abierto el ámbito de la oralidad en la literatura peruana, pero, como bien señala Richard Bauman (1975), el primer desafío que las artes orales performativas nos proyectan se encuentra en sus formas emergentes, espontáneas y en las limitaciones del registro (como noción y recursos). En 2015, en el *Congreso de la Asociación Alemana de Hispanistas* celebrado en Heidelberg, expusimos sobre el aprendizaje obtenido durante nuestra primera participación en la limpia de acequia y la filmación de ensayo del documental[2]. La celebración del ritual se inicia al subir hasta la fuente de agua de las acequias, lugar en el que se lleva a cabo el pago de agradecimiento a la *Pachamama*.

---

2   Para poder proponer una narrativa definitiva de la fiesta en el documental, se realiza —un año antes de la filmación definitiva y con el fin de integrarnos por primera vez a ella— un registro audiovisual con implementos sencillos (como videograbadoras caseras) que nos permite analizar y comprender su performance y sus costumbres.

A pesar de la importancia ritual del pago, este episodio había dejado de realizarse en los últimos años, pues los comuneros ya habían puesto cemento en los surcos y pensaban que no era necesario llegar hasta ellos para limpiarlos. Al entusiasmarse con el documental, nos llevaron hasta el ojo de agua de la acequia principal, *Hatun Jarcca*, y descubrimos, tanto ellos como nosotros, que si bien el cemento impedía que se desmoronara el surco, no dejaba de llenarse de piedras e incluso, a manera de maceta, se llenaba de plantas que disminuían el volumen y el flujo del agua. Tenían que continuar limpiando desde las duras alturas de la puna. Al finalizar esta primera filmación, nos pidieron también que tomáramos en cuenta que la comunidad contaba con tres acequias más y que, de hacerse el documental, también debían formar parte. El agua no se podía separar simbólicamente del territorio.

Tras analizar el material grabado, nos planteamos filmar las cuatro acequias y entrevistar a cada una de las personas designadas como *cargontes* (comuneros responsables de cada uno de los segmentos del ritual). Entrevistamos al mayordomo que dirige a los comuneros llevando a su espalda al santo patrón del agua, Santiago, que llegó con la conquista evangelizadora como una de las divinidades protectoras del trabajo en el campo, al alférez y a las muñidoras encargadas de la comida, a los adornistas encargados del altar de Santiago y de adornar la capilla que en medio del camino designa el lugar donde se realiza la fiesta, a las mujeres que reparten el helecho llamado *raqui raqui* y que se encargan de las canciones durante la faena, a los pagadores y a los músicos. Para el diseño de las entrevistas se siguió el protocolo ético del taller *Herramienta Digital de Análisis de Testimonios "Dedalo"* de Aránzazu Borrachero. Con respecto al uso del quechua, uno de los estudiantes de literatura contaba con un tímido manejo de la lengua suficiente para mejorar las preguntas durante las entrevistas y una de las integrantes del equipo, antropóloga asistente de la *Dirección de Responsabilidad Social*, nos ayudó después a traducir del quechua al castellano y viceversa.

Cada acequia resultó distinta de la otra. La segunda acequia, Ceccna, tenía una bocatoma de tan difícil acceso que había que caminar sobre inmensas y resbaladizas piedras del río para llegar a ella, lo que impidió que filmásemos el pago. Mientras tanto, enterados de la exposición en Heidelberg, los comuneros habían incorporado a Alemania en las letras de sus cantos. La tercera, Acllawasi, quedaba en una hermosa laguna llena de totora y todos los asistentes al pago, en medio del fango, acompañaron verbalmente y con mucho humor al pagador en su ritual. La cuarta, Sillaca, ubicada en una pendiente casi vertical y poblada de rastrojos, tenía un legendario ojo de agua del cual salían tres acequias, por lo que se llevaron tres santiagos y se realizaron tres pagos. Los *cargontes* de las cuatro acequias —quienes realizaban cada uno de sus descensos hacia la comunidad bailando, cantando y bebiendo— fueron entrevistados y sus fiestas fueron filmadas.

Con más de cuarenta horas de filmación, nuestro primer acuerdo en la universidad se basó en decidir cómo editar el material hasta conseguir una hora de duración para el documental. El primer criterio era que las cuatro acequias debían figurar así como buscar un equilibrio en la participación de hombres y mujeres, pues si bien el rol oficial de la mujer es acompañar, ellas también realizan la limpieza en diversos tramos de la acequia. Cabe señalar que una profesora de escuela primaria había llevado a sus estudiantes a registrar la labor comunal y a participar en ésta, presencia que nos cayó como anillo al dedo, pues el hecho de que aparecieran en el documental facilitaría la adaptación de éste como material didáctico en las escuelas.

El segundo acuerdo estaba vinculado a nuestra incorporación o no al documental. ¿Quién era el autor? ¿La universidad o la comunidad? Desde el ensayo anterior, habíamos tomado conciencia de nuestra influencia sobre el ritual mismo. Pero si formábamos parte del documental —o incluso lo protagonizábamos— la comunidad no recibiría el registro de su celebración para ellos o para la escuela, sino como un documental en el que muy probablemente actuarían como objeto de estudio. Por esta razón, decidimos eliminar las imágenes en las que participábamos y dividimos secuencialmente el ritual:

Preliminares	Asamblea de usuarios de acequia	Ensayo de canciones	Desayuno en casa del mayordomo	
Camino a la capilla	El adornista lleva el Santiago / Cohetes y música	Distribución del trabajo	Decoración de la capilla	Preparación de la comida
Camino a la bocatoma	Camino a la limpia / Trabajo de limpia	Pago	Descanso y canciones	
Fiesta	Comida	Bebida / Caramelos	*Danzaqs* y pelea de gallos	Nuevos *cargontes*
Retorno	Baile en la plaza (*Qachwa*)	Baile en casa del mayordomo		

Debido a que cada limpia de acequia tenía los mismos episodios, surgió el sentido de centrarnos en cómo se realiza el ritual, es decir, en resaltar su carácter episódico. En cada uno de éstos, ciertos usuarios habían destacado en sus tareas —sea moviendo piedras de tamaño colosal o bailando con ropa diseñada especialmente para el ritual—, así que decidimos intercalar equilibradamente dichas escenas de tal manera que los usuarios de todas las acequias fueran quienes nos explicaran cómo performar una obra tan grande dedicada al agua.

Terminada la primera edición, notamos que faltaba una narración. Escribimos un texto en castellano que anunciaba cada episodio y pedimos a un comunero y a una comunera que lo tradujeran al quechua. El resultado fue, en términos narrativos, imposible de incorporar al documental. Se notaba que la traducción era forzada, por las pausas y la falta de entonación. No era su forma de narrar. Por ello, durante la presentación preliminar, el documental se proyectó sin ninguna narración.

Para someter la narrativa propuesta a la crítica de quienes nos habían solicitado el documental, viajamos a Sacsamarca y convocamos por megáfono a la población, la cual ya había empezado a celebrar ese mismo día el *Corpus Christi*, y así aprovechamos para unir la filmación de ensayo del segundo documental con el trabajo de edición del primero. Nos entusiasmamos al enterarnos de que el programa estatal *Fondo de Cooperación para el Desarrollo* había convocado a la población a participar de un taller de *Reposición, Operación y Mantenimiento de Sistemas de agua en zonas rurales*, e imaginamos que los usuarios de cada una de las acequias estarían presentes. Por estar concentrados en instalar el proyector y los parlantes en la sala de la municipalidad, no notamos que se trataba más bien de usuarios de agua potable y no de usuarios de regadío. Sólo al terminar la proyección advertimos que nuestro auditorio estaba compuesto por comuneros entre los cuales había pocos usuarios de las acequias y los escasos que alcanzaron a escuchar el megáfono. La mayoría vio por primera vez la limpia de acequia del año 2015 y, aunque indudablemente no había sido nuestra intención, la vio narrada por universitarios. Al terminar se produjo un incómodo silencio para nosotros, los universitarios. Iniciamos inmediatamente la ronda de preguntas. Me centraré en las dos intervenciones que se realizaron. La primera, sobre la pobreza de los comuneros, a la cual me referí al inicio del presente texto. La segunda, sobre los episodios. Ambas, de diversa manera, nos conducen a reflexionar sobre el tiempo y la narración.

¿Cómo era el tiempo de los abuelos? ¿Realmente vestían ricamente durante la limpieza y la participación comunal era absoluta? En otro proyecto de la *Dirección de Responsabilidad Social*, vinculado a la especialidad de Historia, se han registrado testimonios voluntarios de los hombres y mujeres más antiguos de Sacsamarca. En ellos resaltan sus idas y venidas a una comunidad en la que han vivido sequías, pobreza, olvido y violencia. Nuestra primera interpretación fue aquella que el cine busca "popularizar" (y utilizo el término intencionalmente): que la pantalla grande es el espacio de la belleza y del boato. La pobreza no tiene lugar. Pero al regresar a la universidad y continuar reflexionando sobre la intervención, notamos que en "los tiempos" a los que aludió el comunero —así como en las anécdotas o cuentos que nos suelen contar los comuneros al invitarnos a sus casas— el pasado se nos presentaba idealizado. Descartando tal idealización, nos dice Bajtín (1989), los rituales colectivos folclóricos tienen su propia dimensión realista de cronotopo, de espacio-tiempo. Discrepamos en llamarlo popular o folclórico (nos urge relativizar categorías de la primera mitad del siglo pasado), pero indudablemente no podemos negar el encontrarnos ante un cronotopo ritual. Pareciera haberse introducido en la intervención del comunero aquello que Bajtín (1989) denomina "hipérbaton histórico": cuando en una narración ritual los anhelos y metas sobre el futuro se proyectan en el pasado, porque éste es concreto y no abstracto. De ahí surge la edad de oro, la cual, subraya Bajtín, es realista y no idealizada. ¿No es acaso una meta de los sacsamarquinos el que sus vestidos no designen su pobreza y que la participación en el trabajo comunal comprometa a toda la población? ¿No es acaso uno de los propósitos por el cual la universidad ha sido convocada a trabajar con Sacsamarca? ¿El registro documental no pierde el sentido único de cada ritual y demanda un registro que en la academia consideraríamos representación ideal y no realidad?

La segunda intervención, como se indicó, fue acerca de los episodios. Los comuneros consideraban desordenado el documental, pues se limpia una acequia por día. Contestamos que no habíamos encontrado otra manera de reducir a una hora cuatro días de trabajo ritual en cuatro lugares distintos, que nuestra solución fue el compartir la estructura de la limpia y no la narración literal y repetida de cuatro días —ciclicidad que, dicho sea de paso, Bajtín considera negativa en el cronotopo folclórico. Cuando terminamos la respuesta, el comunero Valerio Huaccachi se ofreció entonces a colaborar como narrador y darle sentido al documental.

Nuevamente refiriéndonos a Frye (1991) y a Bajtín (1989), podemos señalar que la comprensión colectiva del ritual es unitaria en tanto une mito y ritual, si bien ninguno de los dos autores toma en cuenta la unidad en sí de la narración. Aquí el aporte de Walter Ong (1997) en su tratado sobre las psicodinámicas de la oralidad nos da una pista cuando se refiere al carácter acumulativo gramatical[3],

---

3   Para este autor lo acumulativo gramatical se refiere a cuando en un texto oral priman los conectores que relacionan las oraciones copulativamente (por ejemplo, *y*, *que*, etc.) reemplazando otros que requieren de análisis o diversos tipos de subordinación (*sin embargo, en efecto, mientras*, etc.).

el que proponemos expandir hacia la narrativa. Teniendo en cuenta la contribución de este investigador, le explicamos al comunero Valerio Huaccachi la división que habíamos realizado y con el documental en una pantalla le pedimos que narrara cada parte. A pesar de haberle pedido que nos introdujera con una breve enumeración de los lugares filmados del ritual, nos narró íntegramente la secuencia de la limpia. No se detuvo en los lugares que le solicitamos —imaginábamos que había comprendido—, no podía detenerse en cada uno de los episodios. Su narración fluía como el agua por una acequia limpia. Nada lo paraba. Conforme avanzábamos en la proyección, teníamos que pedirle que se detuviera. Recién al cuarto episodio comprendió nuestro pedido. Describir cada episodio filmado, no contarnos de qué trata el ritual. También nos llamó la atención que a partir de nuestra solicitud utilizara los ilativos en castellano y no en quechua: no es que su lengua careciera de ellos, pero la narrativa no era suya, sino nuestra.

El filósofo Fidel Tubino (2015) en su propuesta acerca del diálogo intercultural plantea que en la elaboración de marcos jurídicos éticos nacionales se deberían recoger las diversas concepciones de humanidad de las culturas que conviven en un país. Hasta hoy se le reclama la imposibilidad procedimental para llevarlo a cabo. El comunero Valerio Huaccachi recogió nuestra concepción episódica del ritual y la incorporó con herramientas de nuestro idioma a su narración. Comprendió que nuestro discurso, a pesar de entrecortarse en el tiempo y en el espacio al combinar las acequias, tenía un hilo conductor temporal disgregado en la hora formada por imágenes y entrevistas. Si realizamos un aprendizaje que debemos agradecer a Sacsamarca es cómo nos enseñó a comprender el discurso alterno.

En esta reflexión han confluido las valiosas herramientas hermenéuticas para la literatura ritual producidas en la primera mitad del siglo XX por la comprensión literaria y antropológica de la academia occidental con aquéllas que emergieron en un comunero quechuahablante ante nuestra propuesta narrativa. Este encuentro confronta el marco epistemológico evolutivo del que no escapan los estudios contemporáneos sobre el arte verbal y nos conduce hacia otro de convivencia y hermenéutica intercultural, en el que el agua y el territorio no pueden separarse ni detenerse.

Es probable que cuando los espectadores —académicos, comuneros o escolares— visionen el documental no reconozcan el complejo esfuerzo de interculturalidad que Valerio Huaccachi nos comparte, pero más probable aún será que algunos piensen en haber preferido una limpia de acequia de los tiempos de los abuelos, aquélla en que los ricos ropajes y la solidaridad comunal le agradecen a la *Pachamama* por el agua.

Bibliografía

Bajtín, Mijail (1989): Teoría y estética de la novela. Madrid: Taurus.

Bauman, Richard (1975): Verbal Art as Performance. En: American Anthropologist Vol. 77, Núm. 2: 290–311.

Comisión de la Verdad y Reconciliación (2003): La violencia en las comunidades de Lucanamarca, Sancos y Sacsamarca. En: Informe final. Tomo V, Capítulo 2: Historias representativas de la violencia. URL: http://www.cverdad.org.pe/ifinal/pdf/TOMO%20V/SECCION%20 TERCERA-Los%20Escenarios%20de%20la%20violencia%20 (continuacion)/2.%20HISTORIAS%20REPRESENTATIVAS%20DE%20 LA%20VIOLENCIA/2.2.%20LA%20VIOLENCIA%20EN%20LAS%20 COMUNIDADES%20DE%20LUCANAMARCA.pdf [16.12.2017].

Cornejo Polar, Antonio (1994): Escribir en el aire: Ensayo sobre la heterogeneidad socio-cultural en las literaturas andinas. Lima: Editorial Horizonte.

Deontología de lingüística y literatura (2017): Kayqayá yakuchanchik– Sacsamarcapa yarqa aspiynin/Aquí está nuestra agua – Limpia de acequia de Sacsamarca. Lima: Dirección Académica de Responsabilidad Social PUCP. Documental. URL: https://www.youtube.com/watch?v=PhS3RIL97hE [15.12.2017].

Frye, Northrop (1991): Anatomía de la crítica. Caracas: Monte Ávila Editores.

Lienhard, Martin (1992): La voz y su huella: Escritura y conflicto étnico-cultural en América Latina 1492–1988. Lima: Editorial Horizonte.

Ong, Walter (1997): Oralidad y escritura. Tecnologías de la palabra. México D.F.: F.C.E.

Tubino, Fidel (2015): La interculturalidad en cuestión. Lima: Fondo Editorial PUCP.

Sisinio Hernán Aguilar

El devocionario *Kichua shímichu Diosnínzicta mañánapac* (1891) de Juan Gualberto Lobato: aspectos filológicos, biográficos y de producción literaria evangelizadora

Abstract: This prayer book written at the end of the 19th century by Redemptorist Father Juan Gualberto Lobato is a contribution to the pastoral literature of the Church addressed to the indigenous people of the Andes of Peru. Through his unique style and the deployment of an abundant vocabulary, the author displays the literary richness of the Quechua language.

1 Lengua quechua

En el presente artículo queremos subrayar algunas características de forma y contenido del primer texto más extenso escrito en el quechua, en su variante del área central de los Andes del Perú[1], considerado como uno de los dialectos más antiguos del quechua y cuyo número de hablantes se estima hoy en alrededor de un millón de personas.

El devocionario *Kichua shímichu Diosnínzicta mañánapac* fue publicado en Suiza en 1891 en el quechua de Ancash (Perú), variedad perteneciente al denominado Quechua I o Central por oposición al Quechua II, el más extendido en el subcontinente sudamericano, considerado como idioma vehicular e instrumento de evangelización durante la Colonia.

En la actualidad, como es sabido, cuando hablamos del quechua nos referimos más que a una lengua, a una familia de lenguas habladas en siete países de América, a saber: Argentina, Brasil, Colombia, Chile, Bolivia, Ecuador y Perú[2].

Se distinguen así —gracias al resultado de los estudios de los años sesenta realizados independientemente por Gary J. Parker[3] y Alfredo

---

1 Los aspectos morfológicos del mismo texto los hemos destacado en Aguilar 2018. El presente ensayo es complementario a aquella publicación: añade aspectos biográficos de Juan Gualberto Lobato y subraya ciertas afirmaciones correspondientes a la oración del "Padre Nuestro". Todas las traducciones del quechua al español son nuestras.

2 Cerrón-Palomino 1987: 35.

3 Parker 1976: 27.

Torero[4]— dos ramas principales: el Quechua B, identificado así por Parker, y como Quechua I por Torero para referirse a esta variedad hablada en el área central de los Andes del Perú.

El Quechua A, por su parte, denominado así por Parker y conocido por Torero como Quechua II comprende a aquel que se extiende desde el sur de Colombia hasta la Argentina septentrional.

Si nos preguntáramos qué tan diferentes son estas dos ramas, los expertos nos dirían que las diferencias son análogas a las que se dan entre dos lenguas germánicas como en el caso del alemán y el danés.

Durante la época colonial la variedad Quechua II/A —como ya señalamos en Aguilar 2018— fue la lengua vehicular e impuesta para la publicación de documentos oficiales. Fue así como se desarrolló una importante producción literaria orientada, sobre todo, al adoctrinamiento de la población nativa por voluntad de la Iglesia católica. Por esta razón, tenemos hoy en día acceso a diccionarios, gramáticas, sermonarios, libros de rezos y doctrina, sin olvidar el imprescindible *Manuscrito de Huarochirí*, obras de teatro, himnos y poesía que constituyen actualmente fuentes privilegiadas para el estudio de la literatura, la historia y otras disciplinas afines.

Todo lo mencionado debido en parte al florecimiento que tuvo la lengua quechua hasta 1781, año en que fue prohibida por el corregidor José Antonio Areche en la época de Carlos III tras el levantamiento de Túpac Amaru II, cruelmente ejecutado en la Plaza del Cuzco por orden del mismo visitador. Desde entonces la lengua castellana fue invasiva, en desmedro de la indígena que permaneció en asentamientos de altura, al pie de las montañas o en zonas rurales de refugio.

Sin embargo, paradójicamente, el quechua hace su fugaz aparición en la primera mitad del siglo XIX durante las guerras de Independencia y posteriormente en 1879, durante la llamada guerra del Pacífico entre Bolivia, Chile y Perú, cuando se requiere de la participación de la población indígena para engrosar las compañías de soldados reclutas. En 1822 el general realista José de Canterac ordena imprimir unas hojas de papel en diferentes variedades de esta lengua indígena (entre ellas en la variedad Quechua I/B), cuyo objetivo era ofrecer un armisticio a la población que se había plegado a las fuerzas del libertador José de San Martín. Al respecto nos remitimos a Rivet/Créqui-Montfort (1951), quienes nos presentan una copia de la hoja mencionada y cuyo encabezamiento y primeras palabras nos hemos permitido traducir aquí:

---

4   Torero 1964: 446–478.

D. José Canterac
Reypa soldadocunapa
Jatun-Capac-Apu
Ulcumayo, Quiparacra, Paucartambo, Reyes, Caruamayo, Ondores, Ninacaca, Pasco,
Cerro, Runacunata caytam nisunqui. ¡Churikuna! ¿Imaycamatag…?[5]

("D. José Canterac, General de los soldados del Rey, se dirige a los pobladores de Ulcumayo, Quiparacra, Paucartambo, Reyes, Carhuamayo, Ondores, Ninacaca, Pasco, Cerro
para decirles lo siguiente: ¡Hijos! ¿Hasta cuándo…?")

Por desgracia, la población reclutada de urgencia en aquellos años muy rara vez
sabía leer y menos escribir, y naturalmente no entendía las órdenes castrenses
dichas en castellano. Por eso los brigadieres idearon, según fuentes orales de
quienes vivieron esa nefasta experiencia, coserles en los uniformes dos parches
de lana: uno negro sobre el lado izquierdo y otro blanco a la derecha, a la altura
de los hombros. Así, los reclutas quechuahablantes podían distinguir por esta
técnica de asociación el lado izquierdo del derecho respectivamente. De modo
que si los mandos ordenaban girar a la izquierda debían decir: *yana qaratsaman* ("hacia el parche, pellejo negro"), y si debían marchar hacia la derecha
dirían: *yuraq qaratsaman* ("hacia el parche, pellejo blanco")[6].

Todavía se conservan estos relatos de la tradición oral en el Quechua I/B
en los Departamentos del Área Central debido a las operaciones de resistencia
armada y guerrillas organizadas bajo el mando, en aquel entonces, del general
Andrés Avelino Cáceres, quien movilizó a la población indígena de esta parte del
territorio peruano para frenar las incursiones del ejército chileno, conflicto que
se inició en 1879 y se selló con el Tratado de Ancón en octubre de 1883.

2 *Kichua shímichu Diosnínzicta mañánapac*

Veamos ahora algo sobre el ejemplar que poseemos y cómo llegó a nuestras
manos este pequeño libro de 150 páginas con apariencia de manual. Un amigo
del Perú tuvo la amabilidad de hacérmelo llegar luego de rescatarlo de la biblioteca particular de una tía suya que falleció, y al parecer lo utilizó para catequi-
zar a los quechuahablantes de su hacienda. Por buen tiempo lo dejé de lado
porque su lectura no era fácil, pues exige mucha atención al vocabulario, a la

---

5   No se ha modificado la ortografía original del documento.
6   En quechua *yana* significa "negro" y *yuraq* "blanco". El término *qaratsa* se refiere a un
    pellejo, por lo general de carnero. El sufijo *-man* es un direccional que puede traducirse
    como "hacia". Así, si se combinan el adjetivo *yana* y el sustantivo *qaratsa* añadido el
    sufijo *-man* tendremos *yana qaratsa-man*, es decir, "hacia la izquierda".

estructuración de la palabra, de la frase y a las letras que el autor elige libremente para interpretar los sonidos de la lengua llamada por él "quechua de la región de Huaraz" (Ancash, Perú).

Cuando me propusieron escribir sobre la lengua quechua lo volví a leer, y así en Aguilar 2018 pude referirme al autor, a su contenido, a algunas de sus características del léxico y morfología novedosas si se comparan con las normas ortográficas actuales recomendadas para la comunicación por encima de las particularidades regionales.

Su contenido consta de oraciones a ser dichas por la mañana al levantarse, al medio día, a la hora de tomar los alimentos y por la noche a la hora de acostarse. Luego están las destinadas a la celebración de la misa, la confesión, la comunión y el *vía crucis*. Asimismo contiene cánticos, muchos de ellos dirigidos a la Virgen María, los que junto a un catecismo y rezos constituyen un suplemento de 50 páginas.

Debo añadir también que pudimos ver directamente y obtener una fotocopia del ejemplar depositado en la Biblioteca Apostólica del Vaticano, pues queríamos saber el porqué de la diferencia de páginas entre ambos ejemplares, no obstante la misma fecha y lugar de edición. Fue un buen pretexto para visitar Roma por unos días, lo justo para tener acceso a esa noble biblioteca. Apenas llegué me encontré con un amigo afincado allí. Le hablé de mi propósito académico; él, contra mis previsiones optimistas, dijo que debí haber solicitado con anticipación tal permiso de acceso, que podía demorar meses (como en tiempos coloniales), y terminó mostrándome muy ufano su carnet de privilegiado que le permitía ingresar incluso al misterioso "Archivo Secreto del Vaticano", allí donde se puede fisgonear la vida y milagros de tantos personajes famosos, incluyendo la correspondencia de Martín Lutero y la del Papa León X en siglo XVI.

Pero, por fortuna, no sucedió como él vaticinó. Al día siguiente, tras franquear los controles de seguridad, me hallaba frente al director, quien no puso reparo alguno siempre y cuando le informara si citaba como fuente en una eventual publicación. Mas, cuando creí que todo estaba allanado, el director pidió de pronto que mencionara el nombre de una persona de referencia. Acudió entonces a mi mente el nombre de este amigo del carnet. Al oír su nombre exclamó: "¡Juan Valenzuela!", y cerrando el trámite dijo: "pero si él fue mi alumno". Fue así como eludí el obstáculo y por la tarde ya estábamos cotejando ambas versiones, preguntándonos por tal diferencia de páginas que sigue siendo un interrogante.

También dirigí una carta a la imprenta Benziger de la ciudad suiza Einsiedeln y obtuve una respuesta. Pero curiosamente no tienen allí ninguna referencia bajo el nombre de Juan Gualberto Lobato, el autor redentorista de nacionalidad ecuatoriana.

Hasta ahora sólo sabemos que se trata de un libro de los redentoristas clasificado entre los de liturgia en la biblioteca del Vaticano con el mismo título en quechua: *Kichua shímichu Diosnínzicta mañánapac* ("Para rogar en lengua quechua a nuestro Dios"), cuyo contenido revela un esfuerzo plausible de traducción de la terminología religiosa del latín o castellano a la lengua indígena.

A través de su lectura se advierte el dominio de la lengua propio de alguien que la aprendió quizá a temprana edad, no sólo por la riqueza de su vocabulario de la doctrina, sino también porque deja entrever el contexto sociopolítico de los años en que fue redactado el texto.

El destinatario último de este mensaje de catequesis y doctrina es naturalmente el oyente quechuahablante, cuyo intermediario es sin duda el cura, el catequista o el rezador encargado de trasmitirle a través de este devocionario emotivas plegarias y enseñanzas de la Iglesia católica.

2.1 Léxico y expresiones

En este libro se filtran también aspectos de la primacía de la Iglesia católica frente a las otras Iglesias o confesiones, como las evangélicas que ingresan al Perú republicano y provocan incomodidad, malestar y disgusto en las autoridades eclesiásticas debido a su labor proselitista y competitiva. Una frase del Padre Lobato delataría esta atmósfera de animadversión cuando en un párrafo dice como en sordina, en secreto, a los oídos del oyente indígena: *Cristianopa júzanta késhpizinámpacmi tei can Iglésiachu kei Penitencia Sacraméntoca. Protestántipis, Masoncúnapis mánami confesánata munayánzu, súpeipa zúrin kei cayar [...]*[7] ("Para que los pecados del cristiano sean perdonados se encuentra en la Iglesia el sacramento de la penitencia. Sólo los protestantes y los masones no quieren confesarse porque son hijos del diablo [...]").

En otra oración a ser pronunciada durante la misa, después de la comunión del sacerdote, el autor del devocionario se revela como un conocedor del quechua cuando formula una frase muy lograda con el verbo **ocllay**, cuyo significado encierra la acción de guardar a un niño en el seno, pecho o regazo proporcionándole amor y calor: *Shúmac Jesucristo teitallá, shúncupita creicúmi zei santa hóstiachu cáhuac cankeíkita, munallámi Comuniónchu chaskicníki keita. Cánan mana chaskishpapis camta cuyami chakikita* **ocllámi** *comulgarishca nó [...]*[8] ("Hermoso Jesucristo, mi señor, de corazón creo que estás en esta hostia santa. Quiero recibirte en la comunión. Ahora, aun cuando no te reciba, te amo

---

7   Lobato 1891: 40.
8   *Ibid.* 36.

y abrigo tus pies en mi **pecho** como si hubiera comulgado"). Si bien la comunión estuvo prohibida para los indígenas durante la Colonia, a finales del siglo XIX la Iglesia parece reaccionar frente a la prédica eficaz de los protestantes entre la población nativa.

2.2 Escritura

Kichua shímichu Diosnínzicta mañánapac se suma a la labor e intentos de escritura quechua existentes desde la época de la Colonia a la República del Perú, se aparta de las normas del quechua imperantes desde el primer catecismo del III Concilio Limense (1583) y —como ya mencionamos— no constituyó instrumento oficial de evangelización. Sin embargo, con el correr de los años y a pesar de la oposición la Iglesia lo fue aceptando paulatinamente. Al respecto para mayor información nos remitimos a Alan Durston (2002), especialista en materia de documentos religiosos como, por ejemplo, el *Manual sacramental quechua para la Sierra Central del Perú* (ca. 1650) publicado por el sacerdote Juan de Castromonte.

Cronológicamente inscribiríamos nuestro documento en la secuencia que se inicia con el vocabulario de Juan de Figueredo, que aparece incluido en el *Arte de la Lengua Quichua* de Torres Rubio [1700][9]. Tenemos luego los documentos de los *Procesos y Visitas de Idolatrías* de Cajatambo en la segunda mitad del siglo XVII editados por el historiador francés Pierre Duviols (2003) y finalmente la hoja volante del general realista José de Canterac en 1822[10]. A su vez, el devocionario *Kichua shímichu Diosnínzicta mañánapac* precede a la aparición del *Vocabulario Políglota Incaico* (1905).

2.3 La forma inclusiva

Un atributo relevante de la lengua quechua, excepción hecha en este caso de la variedad hablada en Ecuador, es la distinción de inclusión y exclusión que se manifiesta en el plural del pronombre posesivo. Esta diferenciación puede tener consecuencias decisivas en su uso, sobre todo cuando el creyente reza la oración del "Padre Nuestro" en quechua.

Si revisamos con más atención el devocionario que nos ocupa, traducido por Juan Gualberto Lobato, nos encontramos con una incoherencia o error. El Padre

---

9   Torres Rubio 1964: 112–120.
10 Véase copia publicada por Rivet/Créqui-Montfort 1951.

Lobato opta por la forma inclusiva, propia de su quechua ecuatoriano que no hace tal distinción.

En efecto, el autor del devocionario nos presenta la oración del "Padre Nuestro" en el quechua de Huaraz (Ancash, Perú), perteneciente a la variedad Quechua B/I, ignorando la versión canónica impresa en el Catecismo Mayor aprobado por el tercer Concilio de Lima de 1583.

Cuando nos referimos a la forma plural del pronombre posesivo, como ya dijimos, en la variedad del Quechua B/I de Ancash, distinguimos un nosotros inclusivo NUQATSIK y otro exclusivo NUQAKUNA. En el primero el hablante incluye al oyente o interlocutor, mientras que en el segundo lo excluye, sea éste singular o plural. Pero si nos dirigimos al ser supremo nos encontraríamos en un grave error, ya que estaríamos tratándolo "de igual a igual" introduciendo una relación horizontal, aspecto que había sido formalizado por los quechuistas del siglo XVI en aquel Concilio que tuvo lugar entre 1582 y 1583 en Lima[11].

En consecuencia, si el Padre Lobato escribe *yaya-ntsik* (Quechua I/B) ("Padre nuestro" incluyente) estaría ignorando la versión aprobada por el mencionado Concilio, ya que para ser coherente debería ser formulado como *yaya-kuna* (en Quechua I/B) o *yaya-yku* (en Quechua II/A). No obstante, el autor pese a esta incoherencia a propósito del uso de la forma inclusiva en la oración del "Padre Nuestro" en su devocionario escrito en el quechua de Ancash, se aviene al uso de la forma exclusiva practicada en el Quechua II/A (designado como "Quechua Imperial o General") e inicia un texto de 1905 con la primera frase de la siguiente manera: *Yayayku* ("Padre nuestro" exclusivo)[12] en lugar de *Yayántsik* ("Padre nuestro" inclusivo)[13] del devocionario que nos ocupa.

Sin embargo, un aspecto al parecer innovador del quechua de *Kichua shímichu Diosnínzicta mañánapac* se hace notorio —como ya señalamos en Aguilar 2018— en las frases de propósito o finalidad[14]. Así, en la oración mencionada al inicio del devocionario[15] ("Para que (Dios) te salve") el autor escribe: *qispitsi-shunki-paq* (salvar-causativo-3subj>2obj-2.P-benefactivo) en lugar de *qishpitsi-shu-na-yki-paq* (salvar-causativo-3subj>2obj-desiderativo-benefactivo). Se trataría, pues, de una construcción novedosa de la frase de propósito en la cual

11 Al respecto véase en el Anexo II el inicio de esta versión del "Padre Nuestro".
12 Lobato 1905: 4.
13 Lobato 1891: 33.
14 En lo concerniente a algunos aspectos lingüísticos inovadores del quechua de Lobato nos hemos referido en Aguilar 2018.
15 Lobato 1891: 6.

Lobato reduce los sufijos -*shu-nki* a la secuencia conocida actualmente como -*shu-na-yki*.

3 El autor

Muchos rasgos analizados en el *Kichua shímichu Diosnínzicta mañánapac* se explican por la biografía del autor, por su dedicación a la traducción y la redacción de textos de literatura pastoral después de cursar estudios superiores. Lobato parece trasmitir un orgullo por su lengua y su ascendencia noble que le proporcionan un prestigio más allá de sus fronteras nacionales. Es llamado así por el arzobispo de Lima y residió, según sus biógrafos, en el Perú desde 1886 y dejó redactada una *Historia Sagrada* que los redentoristas habrían adaptado después al quechua ecuatoriano.

El Padre Juan Gualberto Lobato, a quien se atribuye la autoría del devocionario *Kichua shímichu Diosnínzicta mañánapac*, nació el 12 de julio de 1853 en Yaruquíes, en el valle de Riobamba ubicado en las faldas del Chimborazo (Ecuador), rodeado de volcanes. Se dice que por entonces Yaruquíes era una doctrina de misioneros agustinos y antiguo cacicazgo local del mismo nombre[16]. Según los biógrafos de Juan Gualberto Lobato, sus padres fueron don Nicolás Lobato Duchicela y doña Tomasa Huaranca, familia emparentada con la estirpe del Inca Atahualpa por vía paterna.

Se educó en Riobamba, en el colegio jesuita San Felipe, gracias a que recibió a los catorce años los títulos y prerrogativas de heredero del cacicazgo de Cacha-Yaruquíes de su tía abuela Anselma Lobato.

En 1872 siguió estudios eclesiásticos en el seminario de la misma ciudad de Ríobamba. Experimentó desde muy joven manifestaciones de discriminación por su ascendencia indígena, a la que hizo frente con decisión y orgullo basado en su origen autóctono y su abolengo real. Pese a todo, se ordenó sacerdote en 1878 y dos años más tarde apareció su primer libro devocional en quechua ecuatoriano[17].

Finalmente, una vez más, integramos la dedicatoria dirigida al lector para apreciar el estilo personal del quechua del autor:

> *Leícta* ("Al lector")
> *Keimi, makíkichúmi churá key izic librota,*

---

16 Arnaiz s.a.: 9.
17 Véase el Anexo I para apreciar las numerosas publicaciones del autor con el fin de situar en esta secuencia el devocionario que nos ocupa entre las diferentes variedades del quechua.

("Aquí pongo en tus manos este pequeño libro")
Diosnínzictapis, Mamánzictapis mañaneíkipac,
("para que ruegues a Dios y a nuestra madre")
zeinó állita cahuáskir, huacza almeíkita keshpizineíkipac.
("vivirás de ese modo para que así salves a tu pobre alma.")
Llútalla líbromi,
("Mi libro no es perfecto")
zeinópis cuyacníki cárllami allizárca:
("sin embargo, sólo porque te estimo lo he compuesto:")
huacza huakei, shúncuchácta rezánki Diosnínzic tapashúnkipac,
("pobre hermano, rezarás de corazón para que Dios te guarde,")
yanapashúnkipac, keshpizishúnkipacpis.
("para que te ayude y para que te salve.")
Ñucareícu Dióstapis Mamánzictapis mañánki.
("También rogarás por mí a Dios y a nuestra madre.")

Anexo I:

Las publicaciones enumeradas aquí y atribuidas a Juan Gualberto Lobato (con excepción de *Doctrina Cristiana en quechua general o imperial,* que obra en nuestro poder) nos la proporciona Eusebio Arnaiz, autor citado en la bibliografía de nuestra contribución.

–En quechua del Ecuador:

1880: *Compendio de Doctrina Cristiana y cánticos*, Cuenca.
1881: *Cruzpac ñan (Viacrucis)*, Cuenca.
1882: *Oraciones para la Misa*, Cuenca.
1883: *Compendio de la Doctrina, examen de conciencia y cánticos*, Cuenca.
1885: *Oraciones. Doctrina y cánticos*, Riobamba.
1886: *Gramática y diccionario Inca-Español*, Cuenca.

–En quechua de Huaraz (Ancash, Perú):

1891: *Kichua shímichu Diosnínzicta mañánapac*, Einsiedeln.

–En quechua sureño:

1905: *Compendio de la Doctrina Cristiana*, Lima (incluye cánticos).
1905: *Doctrina Cristiana en quechua general o imperial*, Lima (12ª edición, Imprenta y librería San Pedro).

–Otras publicaciones del autor que se pueden mencionar son las siguientes:

1906–1907: *Catecismo Mayor*. Obra inédita escrita en las postrimerías de su vida de la cual da constancia en una nota manuscrita.
1921: *Historia Sagrada*. Obra póstuma editada en Brepols por el redentorista P. Levesque.

Anexo II:

Q.: quechua   A.: aimara

Fuente: *Doctrina cristiana y catecismo para la instrucción de los indios, y de las demás personas que han de ser enseñadas en nuestra santa fe: con un confesionario y otras cosas necesarias.* Catecismo Mayor de la oración del "Padre Nuestro". Parte quinta. Impreso en Lima como consta en el colofón en 1584 por Antonio Ricardo. Sello del Bibliotecario, Ricardo Palma.

Agradecimientos

Agradezco la referencia a la obra de Eusebio Arnaiz que nos proporcionó el Padre Gerardo de la Casa de los Redentoristas de Lima, la que visitamos el día 27 de agosto de 2013. Asimismo agradezco a Jorge Eduardo Benavides que leyó la primera versión de este artículo, sus generosas observaciones y sugerencias me permitieron mejorarlo. Igualmente a Rodolfo Cerrón-Palomino por sus observaciones pertinentes acerca de la distinción de la inclusión y exclusión en la legua quechua y a Kerstin Störl por su empeño en la edición de nuestra contribución. Los errores que subsisten son sólo míos.

Bibliografía

Aguilar, Sisinio Hernán (2018): El quechua del devocionario *kichua shímichu: algunos aspectos morfológicos y de la escritura.* En: Valiente Catter, Teresa/Störl, Kerstin/Gugenberger, Eva (eds.): La reciprocidad entre lengua y cultura en las sociedades andinas. Estudios de romanística, lingüística y antropología americana. Berlin: Peter Lang Verlag (en prensa).

Arnaiz, Eusebio (s.a.): El Padre Lobato. Misionero redentorista en Perú y Ecuador. Madrid: PS Editorial.

Cerrón-Palomino, Rodolfo (1987): Lingüística Quechua. Cuzco: Centro de Estudios Regionales Andinos "Bartolomé de las Casas".

Durston, Alan (2002): El *aptaycachana* de Juan de Castromonte – un manual sacramental quechua para la sierra central del Perú (ca. 1650). En: Bulletin de l'Institut Français d'Études Andines 31/2. Lima: Instituto Francés de Estudios Andinos: 219–292.

Duviols, Pierre (2003): Procesos y visitas de idolatrías: Cajatambo, siglo XVII. Con documentos anexos. Lima: Instituto Francés de Estudios Andinos.

Lobato, Juan Gualberto (1891): Kichua shímichu Diosnínzicta mañánapac. Einsiedeln: Benziger & Co. URL: https://iiif.lib.harvard.edu/manifests/view/drs:7392587$8i [09.03.2018].

Lobato, Juan Gualberto (1905): Doctrina Cristiana en quechua general o imperial. Lima: Imprenta y librería San Pedro.

Parker, Gary J. (1976): Gramática Quechua: Ancash-Huailas. Lima: Ministerio de Educación/Instituto de Estudios Peruanos.

Rivet, Paul/Créqui-Montfort, Georges de (1951): Bibliographie des langues aymará et kičua. Paris: Institut d'Ethnologie.

Torero, Alfredo (1964): Los dialectos quechuas. En: Anales Científicos de la Universidad Agraria 2: 446–478.

Torres Rubio, Diego de (1964): Arte de la Lengua Quichua [1700]. Luis A. Pardo (ed.). Cuzco: Editorial HG. Rozas S.A.

Vocabulario Políglota Incaico (1905). Lima: Tipografía del Colegio de Propaganda Fide del Perú.

Sobre autoras y autores

Sisinio Hernán Aguilar es profesor externo de morfología quechua en la Technische Universität Berlin. Estudió antropología en la Universidad Católica de Lima y en la Universidad Católica de Lovaina y se doctoró en esta misma disciplina en la Freie Universität Berlin. Algunos de sus artículos son: "Der »Menschenschlachter«: Anthropologische Denkweisen in den Anden als Spiegelungen des Eurozentrismus" (en *Philosophische Anthropologie der Moderne*, 1995, pp. 256–266), "La narrativa oral quechua: problemas y aspectos metodológicos" (en *Actas del XXIX Congreso IILI*, 1994, pp. 183–185) y "*Achkee*: Zu einer Erzählung mündlicher Tradition im Quechua des Callejón de Huaylas, Peru" (en *Die schwierige Modernität Lateinamerikas*, 1993, pp. 137–158).

Elisabeth Baldauf-Sommerbauer finaliza su tesis de doctorado sobre literatura y medioambiente en el contexto chileno en la Karl-Franzens-Universität Graz, en la cual además imparte cursos sobre literatura y cultura latinoamericanas. Estudió Hispanística, Anglística y Pedagogía en las universidades de Graz y Guadalajara, y en la primera de éstas obtuvo un certificado del Programa de Estudios Interdisciplinarios en *Global Studies*. Es autora de la monografía *Literatur und Umwelt. Schreiben gegen die ökologische Krise in Mexiko* (2013).

Alejandro Cárcamo Mansilla realiza actualmente el Doctorado en Historia en la Freie Universität Berlin. Es Profesor de Historia y Geografía y Magíster en Ciencias Humanas con mención en Historia por la Universidad de Los Lagos. Algunos de sus artículos son: "La representación de la mujer subalterna en Spivak y el caso de la mujer mapuche-williche" (en *Theorein. Revista de Ciencias Sociales*, 2017, pp. 73–98), "Ayudando a que salga el sol: la crisis de la noche de los cinco siglos" (en *Quaestiones Disputae*, 2015, pp. 30–52) y "Aproximaciones a la subalternización mapuche-williche: discursos y prácticas de resistencia" (en *Lenguas y Literaturas Indoamericanas*, 2014, pp. 24–48).

Scott DeVries es Catedrático de Literatura Hispanoamericana y Española en el Departamento de Lenguas Modernas de la Manchester University en Indiana. Concluyó su doctorado en Literatura Latinoamericana en la Rutgers University y estudió Español y Filosofía en el Wheaton College. Ha publicado las monografías *A History of Ecology and Environmentalism in Spanish American Literature* (2013) y *Creature Discomfort: Fauna-criticism, Ethics, and the Representation of Animals in Spanish American Fiction and Poetry* (2016), y actualmente finaliza su investigación sobre representaciones de la energía en la literatura latinoamericana.

Hans Fernández es Profesor Asistente de Literaturas Hispanoamericana, Brasileña y Española en la Karl-Franzens-Universität Graz. Se doctoró en Literaturas Románicas en la Humboldt-Universität zu Berlin y estudió Filología Hispánica en la Universidad de Concepción, y ha sido, además, profesor en la primera de éstas así como en la Otto-Friedrich-Universität Bamberg. En 2012 publicó la monografía *De migrantes, cuentistas, abigeos y cantores. El enfoque culturalista en los testimonios andinos «Gregorio Condori Mamani» y «Nosotros los humanos»*.

Carla Sagástegui se desempeña como profesora de Literatura y Jefa del Área de Desarrollo Social en la Pontificia Universidad Católica del Perú. Con la tesis *Tramas de la ficción externa en la literatura peruana y sus modos ficcionales* se doctoró en Arte, Literatura y Pensamiento en la Universidad Pompeu Fabra de Barcelona y estudió Literatura Hispanoamericana en la PUCP. Es autora de *Los primeros 80 años de la historieta en el Perú* (2003) y del libro para docentes *Cómo imagino: manual para profesores de la comunidad Ashaninka Poyeni* (2013).

SPRACHEN, GESELLSCHAFTEN UND
KULTUREN IN LATEINAMERIKA

Gegründet von Kerstin Störl, Germán de Granda (†)
Herausgegeben von Kerstin Störl, Rodolfo Cerrón-Palomino